U0742874

陕西出版资金精品项目

陕西出版资金资助项目

马金玲 著

# 陕西漆文化概览

漆艺深深地根植于地域的传统文化和历史中。

含蓄优雅不仅是中国工艺美术的高明之处，也是其他国度不具
备或颇欠缺的最大艺术特色。

西安交通大学出版社
XI'AN JIAOTONG UNIVERSITY PRESS

图书在版编目(CIP)数据

陕西漆文化概览/马金玲著. —西安:西安交通大学
出版社,2016.6
ISBN 978 - 7 - 5605 - 8642 - 7

Ⅰ.①陕⋯  Ⅱ.①马⋯  Ⅲ.①漆器(考古)-介绍-
陕西省  Ⅳ.①K876.7

中国版本图书馆 CIP 数据核字(2016)第 140608 号

| | | |
|---|---|---|
| 书　　名 | 陕西漆文化概览 | |
| 著　　者 | 马金玲 | |
| 责任编辑 | 何园 | |
| 出版发行 | 西安交通大学出版社 | |
| | (西安市兴庆南路 10 号　邮政编码 710049) | |
| 网　　址 | http://www.xjtupress.com | |
| 电　　话 | (029)82668357　82667874(发行中心) | |
| | (029)82668315(总编办) | |
| 传　　真 | (029)82668280 | |
| 印　　刷 | 中煤地西安地图制印有限公司 | |

开　　本　787 mm×1092 mm　1/16　印张 11.25　字数 119 千字
版次印次　2016 年 9 月第 1 版　2016 年 9 月第 1 次印刷
书　　号　ISBN 978 - 7 - 5605 - 8642 - 7/K · 153
定　　价　78.00 元

读者购书、书店添货、如发现印装质量问题,请与本社发行中心联系、调换。
订购热线:(029)82665248　(029)82665249
投稿热线:(029)82668525　(029)82664953
读者信箱:xjtu_rw@163.com

版权所有　侵权必究

乐舞·磨漆画·李群超作

传统中有两样好东西，一是宣纸的白，一是黑漆的黑

吴冠中

材质的自然美与制作的工艺美，有时也能唤起触觉的美感，如漆的光洁、柔和……作为食器，口触手执产生温和、安全之感；作为家具，产生亲切、温馨之意。这种生理上的触觉之愉悦往往会转换成心理上的美感

奔马图·磨漆画·李群超作

乔十光

蓝　海·李群超作

# 目 录
## contents

# 第一章　"漆"与陕西

　　2008 年金秋的北京,典雅的奥运火炬使古老的漆文化在惊鸿一瞥中迸发出簇新的生命力。奥运期间,"祥云"缭绕,它出现在奖牌上、出现在我国运动员的比赛服上、出现在央视节目的背景纹饰上、出现在众多因特网的主页上……,源于中国古代漆器的美丽纹饰,作为北京奥运的标志性符号,把中国人民的友情传遍世界。也唤起国人对中华古老文化的由衷关注和自信。

　　近年来,漆器纹样在重大事件和重要物件上的出现,愈发引发了民众对这一古老工艺文化的兴趣及关注。对漆器的"再发现",如发现古老材料的神奇、发现传统漆艺的精妙、发现其在当代生活中的新的功能、新的审美等,成为绕有趣味的话题。

图 1-1　2008 年北京奥运会招贴画

　　中国漆器是世界科技史上的一项重大发明,是最具有代表性的优秀传统文化遗产之一。它凝聚着中华民族的聪明才智和审美体验,具有鲜明的文化特色、历史特色和民族特色。它孕育出来的艺术精神,细腻而精粹,深远而悠长。它是国人将造物的实用性与审美体验完美结合的产物,其内涵已远超出实用器具的存在意义。

　　中国漆器不仅是我国古代工艺文化的重要部分,还直接影响到周边国家的漆文化的形成与发展。王世襄对此有很高的评价:"我国漆工艺几千年的发展和成就,对全世界的漆器工艺都产生了影响,先是东亚、东南亚,继而是西欧及北美。可以说世界上一切制造漆器或用其他物质模仿漆器的国家,无不或多或少受中国漆器的影响,中国传统漆工艺曾经为人类文明做出了重大的贡献。"[①]漆器和漆艺东传日本之后,深得民众的喜爱,岛国的匠人严格秉承

---

　　① 王世襄:《中国古代漆器》,生活·读书·新知三联书店 2013 年版,第 1 页。

汉代以来的中国漆艺,将洒金、泥金技术与其文化紧密结合,产生出独具民族特色的莳绘漆器,江户时代莳绘技术日臻完美,成为日本漆艺的代表。英文 Japan,意为"日本"亦含漆器之意。

西方世界对中国大漆和漆器的了解较晚。16 世纪,意大利传教士利玛窦在《利玛窦中国札记》中对中国大漆有这样的表述:"另一种①值得详细记述的东西是一种特殊的树脂,是从某种树干挤出来的。它的外观和奶一样,但粘度和胶差不多。中国人用这种东西制备一种山达脂(Sandarac)②或颜料,他们称之为漆(Cie),葡萄牙人则叫作 ciaco。它通常用于建造房屋和船只以及制作家具时涂染木头。涂上这种涂料的木头可以有深浅不同的颜色,光泽如镜,华彩悦目,并且摸上去非常光滑。这种涂料还能耐久,长时间不磨损。……正是这种涂料,使得中国和日本的房屋外观富丽动人。"③利玛窦看来似乎没有接触到精美的漆器,否则会有更多的惊叹。但只通过对建筑物的观察,他已经看到了中国人利用自然资源的智慧,以及东西方物质文化的不同。在 17 世纪英国诗人普赖尔眼里,东方手艺就是漆艺和瓷艺。18 世纪,法国神甫杜赫德对中国漆艺也很关注,在他编撰的《中华帝国通史》中提到从中国进口的漆器、漂亮的瓷器以及各种工艺优良的丝织品,是中国手工艺人的聪明才智的体现。法国学者布尔努瓦在其所著的《丝绸之路》中对古代中国南北贸易的特点做出归纳,认为北方出售茶叶而购入马匹,南方出口瓷器、漆器和丝绸。

漆器,独具东方魅力。它有着古雅深沉、幽暗内敛的气质,亦

① 指与前述的茶而言。
② 山达脂是取自山达树的天然树脂,可作制香和清漆的原料或颜料。山达树产于非洲北部。
③ 何高济、王遵仲、李申泽译:《利玛窦中国游记》,中华书局 1983 年版,第 18 页。

柔亦坚、有如玉般光洁细腻的品性。千百年来,亚洲的人民用漆树中流出的汁液,诠释着对宇宙的认知、对自然的理解、对生活的态度。明清以降,中国之雕漆、日本之莳绘、朝鲜之螺钿成为东方漆文化的代表。而这一切的源头来自七千年前中国古人对漆树的认知与利用。中国的漆文化在东方乃至世界文化史上占有不可替代的重要地位。

"坚牢于质""千文万华"的品质,使漆器独受青睐。大漆无论是在实用领域还是在装饰领域都具有无可取代的重要地位。大漆髹饰在几千年的历史中积淀的永恒隐喻和追求极致的精神价值,成就了它无可取代的独特美感和文化内涵,这种无与伦比的品质也是漆器制作虽然耗工繁巨,却几千年不间断地被传承下来的重要原因。

陕西自古就是我国重要的生漆产地,也是漆器生产的重要地区之一,在中国漆文化发展的历史上,陕西具有不可忽视的地位。

# 一、漆文化

"文化",是一个极为复杂而又充满争议的概念。简言之,是人类留下的一切痕迹,是人类在其历史发展进程中产生的一切物质财富和精神(非物质)财富的总和。"漆文化"与我们熟知的"青铜文化""陶瓷文化""丝绸文化"等同属一类概念,学者们在研究中频繁使用这一概念,但至今对"漆文化"的界定,学术界尚无一个公认的表述。

我们认为,漆文化是指与生漆有关的一切文化现象。从物质层面看,包括漆树、生漆、漆器及其相关辅料等;从非物质层面看,包括人类使用生漆的历史、漆器文献、漆工艺技术以及与之相关的人和事等。

生漆有"涂料之王"的美称,它具有耐酸、耐高温、防锈、防潮、防辐射、绝缘、环保等特性,用途极为广泛,不仅用于饮食器具、铁木家具等生活器具的髹涂,还用于建筑、舟船兵器等领域。在现代化学涂料普遍使用的今天,生漆的环保性尤其显得弥足珍贵。

漆最主要和重要的功能是髹涂。生漆不能独立成器,必须依附于胎骨方能成器。漆器是漆文化的重要物质载体。漆器的器型、纹饰、色彩、铭文等包含着大量的历史文化信息,不同时间、地域的漆器是那个时代精神风貌的体现。因此,对漆文化的研究,在很大程度上是对漆器的研究。

生漆是大自然馈赠给人类的礼物,其用途极为广泛,除髹涂之外,还可用于黏合、药用等。生漆又被称作"大漆""国漆""土漆"等,是从漆树上分泌出来的树脂,古人也将它写为"木汁"。"木有液黏黑可饰器物"。[①] 刚流出的漆液是乳白色,与空气接触后氧化变成栗壳色,干了以后呈黑褐色。民间有"白赛雪,红似血,黑如铁",说的就是天然生漆从液态到最后形成坚固漆膜的过程。在20℃至30℃的温度和RH80%的湿度条件下,粘稠的漆液最宜氧化成膜。漆膜密封性好,与木质附着力最强。漆膜干燥之后变得坚硬,硬度可达0.65～0.89(漆膜值/玻璃值),具有优良的物理机械性能。用砂纸反复打磨的漆膜,平滑且光亮,不仅可保护器物的胎体,更能平添美感。能入漆的天然颜料主要有朱砂、银朱、赭石、石黄、石青、石绿、铅粉、煤烟等。粘稠的漆液调入颜料,用毛笔在器物上可

---

① 朱熹:《诗经集传》,收入《四库全书荟要》(经部,7),吉林人民出版社 1997 年版,第 471 页。

书可画,这就使得漆器纹饰、铭文等承载起大量的历史文化信息。再通过运用镶嵌、刻填、磨绘、堆塑、脱胎、雕镂等技术手法,使漆器以典雅雍容、细腻精致、华贵工巧、千姿百态的风貌存在于世,最终使之成为像丝绸和陶瓷一样闻名天下的中国独特元素。

古人云:"漆之为用也,始于书竹简。"①在还没有发明墨和纸的上古时代,文字的书写是用漆书写在竹简上的。而实际上,漆之为用应早于书竹简,在先民尚未发明文字之前,已知用漆髹涂器物了。跨湖桥的漆弓、河姆渡的漆碗便是佐证。《南村辍耕录》言:"上古无墨,竹挺点漆而书。"②汉代发现了古时用漆写的书,如《后汉书·杜林传》中记有:"林前于西州得漆书古文尚书一卷,常宝爱之。虽遭难困,握持不离身。"③《晋书·束皙传》记载:"太康二年,汲郡人不准盗发魏襄王墓,或言安釐王冢,得竹书十车。""漆书皆科斗字。"④"不准"是盗墓者的名字,"科斗"是字的形状,因以竹挺点漆而书,竹硬漆腻,书之头粗尾细如蝌蚪一般。

春秋战国以后,漆的商品性突显。战国时还出现了经营漆业的大商人如"商祖"白圭。魏文侯时,国人注重农耕,而白圭却观察时机的变化,把漆作为囤积的重要商品。如果一个地方盛产蚕茧,就大量购进,而用谷物等其他当地缺少的东西去换;如果一个地方粮食丰产,就去大量购进粮食,然后用丝、漆等类必需品与之交换。这样就使全国的货物得到流通,既利于人民生活,又能从中赚取利润,可谓一举两得。所谓"夫岁熟收谷,予以丝漆"⑤也。白圭认为只有以足补缺,以丰收补歉收,使全国各地物资互相支持,才能在

---

① 杨明髹饰录原序,见王世襄:《髹饰录解说》,文物出版社1983年版,第19页。
② 陶宗仪:《南村辍耕录》,中华书局1958年版,第363页。
③ 范晔:《后汉书》,中华书局1999年版,第625页。
④ 房玄龄:《晋书》,中华书局1974年版,第1432页,第1433页。
⑤ 司马迁:《史记》,中华书局1982年版,第3259页。

辅民安民的同时为国家理财致富。

生漆的药用价值古人已知。不仅生漆、干漆可入药,漆叶、漆籽、漆花皆可入药。漆叶可杀虫;漆籽可下血;漆花解腹胀等。对于漆的药用,现存最早的中药学著作《神农本草经》认为:"干漆味辛温,无毒。主治绝伤,补中,续筋骨,填髓脑,安五脏,五缓六急,风寒湿痹。生漆,去长虫。久服轻身耐老。生川谷。"明李时珍的《本草纲目》中有关漆的药用列举了多个方剂:干漆经过配伍可治疗小儿虫病、妇女血气痛、妇女经闭或腹内症瘕、产后青肿疼痛、男子疝气或小肠气痛、五劳七伤等疾病,而且具有减肥减龄的功效等。李时珍曰:"生漆:去长虫。久服,轻身耐老。"又援引齐梁道士医学家陶弘景的方子:"仙方用蟹消漆为水,炼服长生。抱朴子云:淳漆不粘考,服之通神长生。或以大蟹投其中,或以云母水,或以玉水合之服,九虫悉下,恶血从鼻出。服至一年,六甲、行厨至也。"①不是所有的漆都能入药,"入药仍当用黑漆,广南漆作饴糖气,沾沾无力","干漆入药,须捣碎炒熟。不尔,损人肠胃,若是湿漆。煎干更好"②。在《服器部》中李时珍还指出:"敝帷敝盖,圣人不遗,木屑竹头,贤者注意,无弃物也"③,因此,作为家具的漆器也有医用价值,漆器主治"产后血运,烧烟熏之即苏"。④

古人对漆的广泛利用,启迪现代人用科学方法进一步挖掘生漆的药用价值、食用价值及美容价值等。据悉,韩国已开发生漆染发剂,我国多地也开发出精加工的漆籽油等商品。现代科技的介入,必将使古老的生漆资源不断彰显出新的生命活力。

生漆有百般好,但漆毒却给人造成很大的麻烦。农民常说"漆

---

① 李时珍:《本草纲目》,辽海出版社 2015 年版,第 1026~1027 页。

② 李时珍:《本草纲目》,辽海出版社 2015 年版,第 1027 页。

③ 李时珍:《本草纲目》,辽海出版社 2015 年版,第 1116 页。

④ 李时珍:《本草纲目》,辽海出版社 2015 年版,第 1131 页。

咬人",就是指部分人身体的暴露部位一旦接触到生漆之后起的"漆疮",即患上生漆皮炎。其症状是起小丘疹或水泡,灼热搔痒,抓破则糜烂流水。重者遍及全身,严重者甚至死亡。现今,百姓的生活条件提高了,不少人利用假期去山中游玩,因没有足够的植物学知识,有游客误将漆树嫩芽当做椿树芽采摘、食用,出现中毒现象。漆毒能毁容毁身的作用古人很清楚,甚至有利用漆毒以达到自己目的的案例。《史记·刺客列传》里就讲述了这么一个惊天地泣鬼神的故事:春秋末期,晋国卿大夫智氏家族领主智伯(智瑶),欲灭韩赵魏而独吞晋国。晋阳之战,智伯讨伐赵襄子,赵襄子联合韩康子和魏桓子灭掉了智伯,史称"三家分晋"。"赵襄子最怨智伯,漆其头以为饮器"。"饮器"有两种解释,一是指饮酒之器,二是指"虎子"即溺器,在此应为后者。可见赵襄子对智伯怨恨至极。智伯家臣豫让誓为主报仇,在厕所中寻机行刺,结果被抓,赵襄子说:"智伯亡无后,而其臣欲为报仇,此天下之贤人也!"赵襄子颇有君子情怀,充分理解并赞赏为主尽忠的行为,遂释放豫让。豫让行刺败露后"漆身为厉,吞炭为哑,行乞于市,其妻不识也"。毁容毁身的豫让已面目全非,他伏于桥下伺机再度行刺,结果惊着了赵襄子的坐骑而被发现,[1]这一次被擒之后,豫让深知命将休矣,恳请赵襄子将其身着衣服赐予,他跳起三次猛刺赵襄子衣物了却为主尽忠之意,后自刎身亡。这个故事今人读起来依然荡气回肠,为春秋战国时的义士、义气所感动。豫让以漆毒毁身,是冒着极大的风险,如若不慎,命绝黄泉。然而漆中毒也不是不可医治,解漆毒的方法不少。《本草纲目》载:"时珍曰:今人货漆多杂桐油,故多毒。淮南子云:蟹见漆而不干。相感志云:漆得蟹而成水。盖物性相制也。凡人畏漆者,嚼蜀椒涂口鼻则可免。生漆疮者,杉木汤、紫苏

---

① 见司马迁:《史记》,中华书局 1982 年版,第 2519～2521 页。

汤、漆姑草汤、蟹汤浴之,皆良。"①染上三两次漆疮之后,体内便产生抗体,免疫力增加,不再生漆疮。

民间流传很广的还有叶桂蟹疗治漆毒的故事。叶桂,字天士,清康熙乾隆年间名医。一日,一对年轻夫妇新婚,新郎入洞房后头大如斗,浑身浮肿,而新妇则浑然无事。众人蹊跷,请来叶桂。叶桂一进新房,嗅到浓浓的新家具气味,判断新郎是中了漆毒。遂命家人将病人抬出新房,又派人到集市上买了几斤新鲜螃蟹,捣烂成粥样,遍敷病人全身。不到两天,病人肿消,如若以往。隋大业年间太医巢元方等撰写的《诸病源候论》之《疮病诸候》对漆疮专设一论:"漆有毒,人有禀性畏漆,但见漆便中其毒。喜面痒,然后胸臂胜腨②皆悉瘙痒,面为起肿,绕眼微赤。诸所痒处,以手搔之,随手辇展,起赤瘔瘰消已,生细粟疮甚微。有中毒轻者,证候如此。其有重者,遍身作疮,小者如麻豆,大者如枣、杏,脓焮疼痛,摘破小定或小瘥,随次更生。若火烧漆,其毒气则厉,着人急重;亦有性自耐者,终日烧煮,竟不为害也。"③隋时中医已经认识到中漆毒与人的"禀性"有关,有的人免疫力低则"中其毒",有的人免疫力强则"性自耐",可见古人很了解人类对漆毒的耐受力有所不同,这与现代医学所说的机体过敏性相一致。

漆文化是我国起源最早、文化底蕴积淀最深的一种传统文化。它的历史与中华文明的历史一样久远。浙江萧山跨湖桥新石器时代遗址出土的漆弓,经鉴定距今约八千年,是已知最早的漆器。④浙江余姚河姆渡漆碗,是用调入朱砂的红漆来髹涂,已表现出漆的装

---

① 李时珍:《本草纲目》,辽海出版社 2015 年版,第 1027 页。

② 胜(bì)腨(shuàn),大小腿。

③ 南京中医学院校释:《诸病源候论校释》,人民卫生出版社 1980 年版,第 987 页。

④ 孙机:《中国古代物质文化》,中华书局 2014 年版,第 263 页。

饰性功能，距今七千年。这些考古遗存表明我国是世界上最早了解生漆特质并加以利用的国家。数千年来，无数能工巧匠，留下的数以万计的精美漆器，传达了祖先的造物理念，展示了他们精益求精、不懈追求的精神风貌，凝聚着中华民族的智慧和审美体验。

漆的物态代表是漆器。漆器是美器，它同时具有实用与审美的功能。人类对美的追求往往要依托在一定物质基础之上，物质生活的进步又催生了人类对审美和欣赏的更高要求，由简到繁，由朴素到奢华，使得漆器从其产生起就与奢侈脱离不了干系。秦穆公曾问戎王使臣由余王权得失的缘由，由余答曰"以俭得之，以奢失之"。并以漆器为例，说明王权失去的原因。他说尧非常简朴，用陶簋吃饭，陶硎饮水，天下人臣服；舜的食器逐渐美观"斩山木而财之，削锯修之迹，流漆墨其上"。禹做祭器更加奢华"墨染其外，而朱画书其内，缦帛为茵，蒋席额缘，觞酌有采，而樽俎有饰"。[①]在韩非子看来，享用髹饰的漆器是统治者生活奢侈的表征，劝当政者引以为戒。而今人多将这则故事作为漆器在远古时代使用的文字佐证，墨染其外、朱画其内成为髹涂的定式，经年不衰。

陕西地区是我国古代用漆最早的地区之一。从现在的考古资料上看，陕西境内最早用生漆髹饰器物的历史遗存，是西安老牛坡出土的商代漆器残片。在云梦睡虎地出土的漆器上出现的"咸市""咸里""咸亭""咸口"等铭文，足以证明秦都咸阳是当时漆器重要的生产地之一。朝鲜平壤乐浪汉墓出土的一件漆盘，底部刻文云："常乐。大官。始建国元年正月受，第千四百五十。至四千。"此盘是新莽常乐室（即都城长安长乐宫）中的器皿，于公元9年由少府所属"掌御饮食"的大官（亦即"太官"）领取。这批漆盘共4000件，本

---

① 韩非：《韩非子·十过》收入《四库全书荟要·子部》，吉林人民出版社1997年版，第315页。

件编号为第 1450。根据出土物铭文,可知尚有另一批为 3000 件,未留下线索的则不知凡几。[①]用于皇宫使用的漆器,汉代时基本由国家管理的漆器作坊制作。乐浪汉墓出土的这个漆盘虽不能证明是出自长安的官办漆作坊,但同时出土的漆器铭文中有"乘舆"[②]二字,则透露出这批漆器级别很高,恐怕只有首都长安才有能力聚集大批能工巧匠制作数量巨大、质量上乘的漆器。

## 二、秦地之漆

### 1. 漆·漆水

提起"漆"这个字,今人马上联想到的是油漆,殊不知"漆"最早是指一条河。在《辞海》中"漆"的解释是"水名。源出陕西同官县。西南流出耀州。合沮水为石州河。东南入渭。"这与《说文解字》是一致的。由此可见,"漆"原本是陕西一条河流的名称,即漆水河,在麟游县境,古称漆沮水。

我国最古老的诗歌总集《诗经》中多次提到"漆",与陕西有关的诗歌作品至少有三首。其中《大雅·文王之什·绵》和《周颂·潜》中的"漆"是指漆水河。

---

① 见孙机:《关于汉代漆器的几个问题》,《文物》2004 年第 12 期。

② "乘舆"是中央工官专为皇帝制作的漆器上的铭文。

绵绵瓜瓞。民之初生，自土沮漆。古公亶父，陶复陶穴，未有
家室。

古公亶父，来朝走马。率西水浒，至于岐下。爰及姜女，聿来
胥宇。

……

（《诗·大雅·文王之什·绵》）

这是周人记述其祖先古公亶父事迹的诗。周民的强大始于姬
昌时，而基础奠定于古公亶父。本诗写得大气滂沱，歌颂漆水的恩
泽，赞美亶父迁国开基的功业。漆水河水产丰富，两岸物产丰饶，
这块土地养育了周族的先民。周朝建立之后，周武王将都城由周
原迁至镐，在国家重要的典礼及祭祀上，歌颂先民，怀念故土，成为
重要的内容。

猗与漆沮，潜有多鱼。有鳣有鲔，鲦鲿鰋鲤。以享以祀，以介
景福。

（《诗·周颂·潜》）

漆沮是周王朝发展史上一个重要的印记。周族自公刘迁豳
（今陕西旬邑、邠县一带）兴起，在漆水、沮水一带生活了300余年，
因受戎狄逼迫，在古公亶父的率领下，渡过漆水来到岐山之下的周
原，此后逐渐发展壮大起来。据《史记·周本纪》载，公刘"自漆、沮
渡渭，取材用，行者有资，居者有畜积，民赖其庆。百姓怀之，多徙
而保归矣。周道之兴自此始。"[①]《潜》写王室的祭祀活动时，诗中罗

---

① 司马迁：《史记》，中华书局1982年版，第112页。

列出六种鱼名,可见漆沮之地的富饶美丽,周人感念养育了他们祖先的漆水。

## 2. 漆·木汁

《说文解字》中"漆"字条的解释是:"水。出右扶风杜陵岐山,东入渭。一曰:入洛。从水,桼声"。[①]那么"桼"是什么?"漆"与"桼"又是什么关系呢?漆树原本写作"桼",在《说文解字》的解释是"木汁,可以鬃物。象形。桼如水滴而下。凡桼之属皆从桼"。[②]从象形文字的通俗解释看,"桼"上部是"木",下部是"水",中间一个"人"字型刀口,桼的树皮经过刀割之后,树液像水一样滴下,可以用来黏合和装饰器物。因此可以推断,作为鬃涂之"漆"是在"漆水"定名之后才出现的。"漆水"因"桼"而得名,"桼"又因"漆水"演变成"漆"。[③]从造字的顺序看是先有"桼",后有"漆",而现在人们只知"漆",却不知"桼"了。

漆水一带也有漆树。诗经中涉及漆树的最美的一首诗是《秦风·车邻》,这首诗中出现的"漆"是漆树。

有车邻邻,有马白颠。未见君子,寺人之令。
阪有漆,隰有栗。既见君子,并坐鼓瑟。今者不乐,逝者其耋。
阪有桑,隰有杨。既见君子,并坐鼓簧。今者不乐,逝者其亡。

诗中所提及的四种树木中,漆树排在第一位。在山坡的漆树

① 汤可敬:《说文解字今释》,岳麓出版社 1997 年版,第 1497 页。
② 汤可敬:《说文解字今释》,岳麓出版社 1997 年版,第 839 页。
③ 陈赋理:《中国生漆典史录》,《中国生漆》1989 年第 1 期。

林下，王公贵族欢聚作乐，弹琴鼓瑟，吹笙鼓簧，好不快活！

据林剑鸣先生研究，"我国古代生漆的主要产地，春秋以前大约沿秦岭、渭河流域向东到黄河中下游，即分布在今陕西、河南、湖北、山东的一条线上。"[1]可以推断，数千年前陕西境内漆树繁茂，是最常见的树种之一。秦地漆树资源丰富，也催生出丰富的漆文化产业。

### 3. 漆·漆话

历史上有关秦之"漆"的史话不少。

秦朝，好大喜功的秦二世留下不少有关"漆"的笑话。秦国造阿房宫，传秦二世胡亥为筑此宫，欲运南山之漆而开"漆渠"。"漆渠"是用来运漆的水渠，还是将秦岭粘稠的生漆用渠来输送，现在学术界尚未有统一说法，依笔者看来，前者具有可行性。但不论是哪一种，都说明当时生漆产量不低。下面是《史记·滑稽列传》记载的一则典故：

优旃者，秦倡侏儒也。善为笑言，然合乎于大道。……二世立，又欲漆其城。优旃曰："善。主上虽无言，臣固将请之。漆城虽於百姓愁费，然佳哉！漆城荡荡，寇来不能上。即欲就之，易为漆耳，顾难为荫室。"於是二世笑之，以其故止。[2]

用生漆来漆城墙！简直是给山涂绿漆的鼻祖了。机智的优旃倒是没有阻拦秦二世漆城，只是提出自己的担忧：漆城不难，难在

陕西漆文化概览

---

① 林剑鸣：《我国古代劳动人民对生漆的发现和利用》，《西北大学学报》1978 年第 1 期。

② 司马迁：《史记》，中华书局 1982 年版，第 3203 页。

如何建造一个能罩得住城的荫室！从史料记载看，当时秦都咸阳对生漆的需求量极大，修建漆渠以供之需。漆渠成为与阿房宫、秦直道相提并论的浩大工程。

在文学上"漆园吏"几乎成为庄子的另一个名称。古代官府为了牟利，有国营漆林。为了加强管理，设专职官吏。著名的庄子就曾为蒙漆园吏。楚威王派使者以"厚币迎之，许以为相"，庄子笑对使者："千金，重利，卿相，尊位也。子独不见郊祭之牺牛乎？养食之数月，衣以文绣，以入大庙。当是之时，虽欲为孤豚，岂可得乎？子亟去，无污我！我宁游戏污渎中以自快，无为有国者所羁。"①漆园小史视高官厚爵为粪土，成为千古佳话。晋郭璞赞庄子："漆园有傲史"！庄子之傲，为后世文人所推崇。

安禄山聪明机灵深得唐玄宗喜爱。唐玄宗和杨贵妃赐予安禄山的宝物不计其数。仅节选《安禄山事迹》片段，即可了解唐代物质的繁荣，漆器的精美。天宝9年，安禄山献俘入京，唐玄宗大悦，赐金银器物、杂彩绫罗难以计数，其中有大型银平脱破方八角花鸟药屏帐一具，方圆一丈七尺；绣茸毛毯合银平脱帐一具，方一丈三尺；此外还有金平脱五斗饭罍二口，银平脱五斗淘饭魁二。金平脱、银平脱即是金银平脱漆器。天宝10年正月一日，是安禄山生日，唐玄宗先日赐诸器物衣服，杨贵妃亦厚加赏遗。唐玄宗赐的宝物有"金花大银盆二，金花银双丝平二，金镀银盖碗二，金平脱酒海一并盖，金平脱勺一，小玛瑙盘二，金平脱大盏四，次盏四，金平脱大玛瑙盘一，玉腰带一，并金鱼袋一，及平脱匣一，紫细绫衣十副，内三副锦袄子并半臂，每副四事，熟锦细绫□□三十六具。太真赐金平脱装一具，内漆半花镜一，玉合子二，玳瑁刮舌篦、耳篦各一，铜镊子各一，犀角梳篦刷子一，骨骰盒子三，金镀银盒子二，金平脱

①　司马迁：《史记》，中华书局1982年版，第2145页。

盒子四,碧罗(帛)帕子一,红罗绣(帛)帕子二,紫罗枕一,毡一,金平脱铁面枕一,并平脱锁子一,银沙罗一,银瓯碗一,紫衣二副,内一副锦,每衣计四事件"。[①]安禄山过一个生日,皇帝和贵妃赐予昂贵的金银平脱漆器就达16件!

唐代大诗人王维,晚年因安史之乱牵连,居于长安东南辋川别墅之中,过着半官半隐的生活。他追求恬淡隐逸的生活,经营了一片漆林。王维经营漆林不在牟利,而在漆林之外。在其著名的《辋川集》里有一首《漆园》:"古人非傲吏,自阙经世务。偶寄一微官,婆娑数株数。"此诗的着眼点不在描绘漆园的景物,而在通过跟漆园有关的典故,表明诗人的生活态度。看似评论庄子,其实是诗人借庄子自喻。王维的好友裴迪造访,亦留诗一首:"好闲早成性,果此谐宿诺。今日漆园游,还同庄叟乐。"(《辋川集二十首·漆园》)一唱一和,表达出文人隐逸恬退的生活情趣和自甘淡泊的人生态度。别墅里,漆林中,好友谈古论今、切磋诗意、着手丹青倒也逍遥自在! 这种心态,在柳宗元的《冉溪》诗中也有体现:"少时陈力希公侯,许国不复为身谋。风波一跌逝万里,壮心瓦解空缧囚。缧囚终老无余事,愿卜湘西冉溪地。却学寿张樊敬侯,种漆南园待成器。"

在陕西户县苍游镇文义村,村北有一架黄土夯筑的土岭,名曰郿坞岭,相传为汉代董卓所修。此岭东起长安,西至眉县。建国初期户县段尚完整。因附近农民取土自用,现仅有残留。在郿坞岭下面是一条河,名叫"运漆河"。相传为唐朝尉迟敬德为了给长安供漆而加固。据史料记载,唐朝时"运漆河"顺郿坞岭流淌,但后来就慢慢干涸消失了。现在每遇涨大水,还会偶尔出现。"运漆河"虽然消失了,但它的名字依然被当地人时时提及。从无奈的口气中,可以听到村民们对遥远过去的怀念。

---

① 姚汝能撰,曾贻芳点校:《安禄山事迹》,中华书局2006年,第81~82页。

# 第二章　陕西漆资源

中国是世界上盛产生漆的国家,其产量约占世界总产量的70%～80%,是世界上最大的生漆出口国。

漆树,属于山地落叶乔木,在我国广有分布。从水平分布的状态考察,东起胶东半岛,西至西藏波密、察隅,北抵宁夏六盘山,南达云南泸水。分布于北纬 25°～41°46′,东经 95°30′～125°25′的广阔区域。在 34 个省级行政区中,除黑龙江、吉林、内蒙古和新疆之外均有栽培。从垂直分布特征来看,在海拔 100～3000 米之间均有分布,其中以 400～2000 米为多。

漆树利用价值很高。漆液是漆树的主要经济价值来源,除此之外,漆籽含有丰富的漆蜡和漆仁油,既是化工原料,又可用于食用、医用等。漆树木质耐腐、耐潮,可做家具和建筑材料。我国漆树品种多达近百种,而其中以秦巴山区的品种为优。

陕西生漆自古闻名。尤其是汉中、安康地区的生漆,不论是产量还是质量自古至今都在全国占有重要的地位。今陕南地区,在唐朝为山南道辖制,属古之荆、梁二州之域。《新唐书》地理志对此地贡漆有多处记载，如山南道"厥贡：金、丝、纻、漆"；[①]其下辖的"襄州襄阳郡，望。土贡：纶巾、漆器、库路真二品"[②]"金州汉阴郡，……土贡：麸金、茶牙、椒、干漆……"[③]"兴州顺政郡，下。土贡：蜡、漆、丹沙、蜜、笋。"[④]等等。兴州在今陕西、甘肃交界处；金州[⑤]就是现在的安康地区。南朝齐梁年间，陕南汉中生漆已声名鹊起。明时，安康的生漆更是远近闻名。李时珍的《本草纲目》有"漆树人多种之，……以金州者为最佳，故世称金漆。……六月取汁漆物，黄泽如金，即唐书所谓黄漆者也"[⑥]之记载，同时李时珍又援引南朝梁陶弘景"今梁州漆最甚"和五代后蜀名医韩保升"漆树高二三余丈，皮白，叶似椿，花似槐，其子似牛李子，木心黄。六月、七月刻取滋汁。金州者最善"[⑦]的记载，强调说明梁州、金州所产生漆质量上乘。上述史料充分表明陕南地区漆资源丰富，品质优良。

## 一、漆资源

陕西漆树大体分布在北纬 30°40′～36°50′，东经 105°30′～110°15′

---

① 欧阳修、宋祁：《新唐书》，中华书局 2000 年版，第 675 页。
② 欧阳修、宋祁：《新唐书》，中华书局 2000 年版，第 677 页。
③ 欧阳修、宋祁：《新唐书》，中华书局 2000 年版，第 679 页。
④ 欧阳修、宋祁：《新唐书》，中华书局 2000 年版，第 680 页。
⑤ 据 1999 年《辞海》释："金州，西魏废帝三年(554)改东梁州置，治西城(后一度改名吉安、金州、今安康市)。……明万历十一年(1583)改名兴安州"。今陕南安康地区自南北朝至明朝千余年一直称作"金州"。
⑥ 李时珍：《本草纲目》，辽海出版社 2015 年版，第 1026 页。
⑦ 李时珍：《本草纲目》，辽海出版社 2015 年版，第 1026 页。

之间。北起黄土高原,南至大巴山区,东自黄河之滨,西抵陇山之东,可以采漆的县(市)之众名列全国之首,产量也位于全国之首。

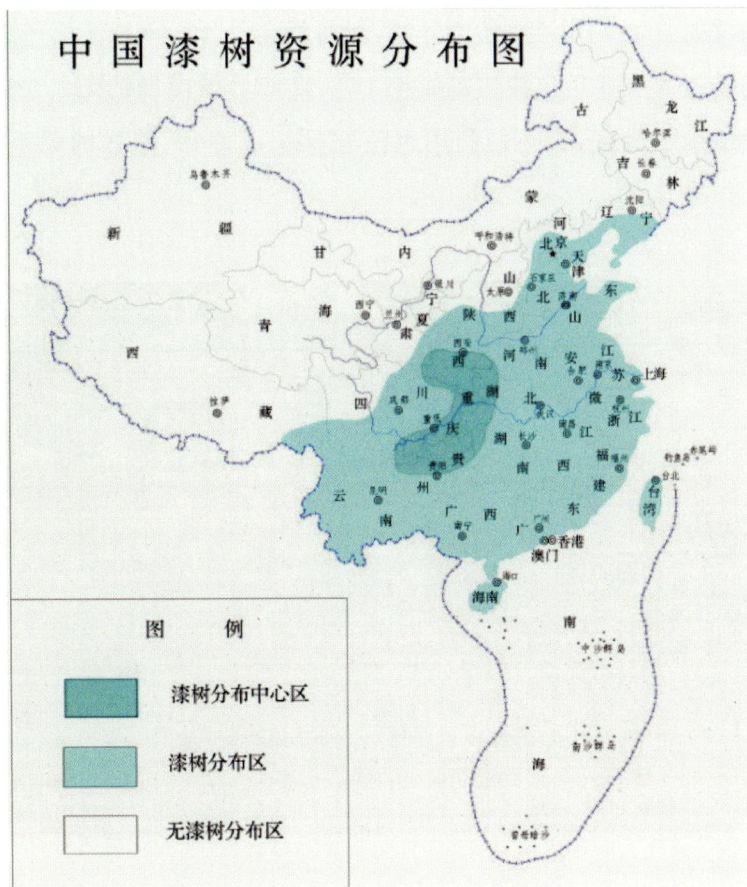

图 2-1　中国漆树资源分布图[①]

漆树树高可达 20 米,花期在 5～6 月,果期为 10 月。树皮幼时为灰白色,成年树皮粗糙,成不规则纵向裂痕。漆汁道是生漆分泌和贮藏之所,有单管、并联管和网状管三种类型。它是由直径为

---

① 由中华供销总社西安生漆涂料研究所提供。

70～350微米腔道构成,主要分布于树干的韧皮部,也存在于漆树的花、叶、果实和根部。漆汁道的直径、数量以及细胞群的层数与单株漆树的生漆产量呈正比。漆树似乎是专为人类生长利用的,如果漆树长到7、8年后还不开割,漆树就会胀死。单株漆树产漆旺盛期不过6至8年。漆树割漆至16～17年后便慢慢枯死。漆树为人类带来了财富,人类的利用也使它延长了寿命,这样的关系,可谓天作之合!

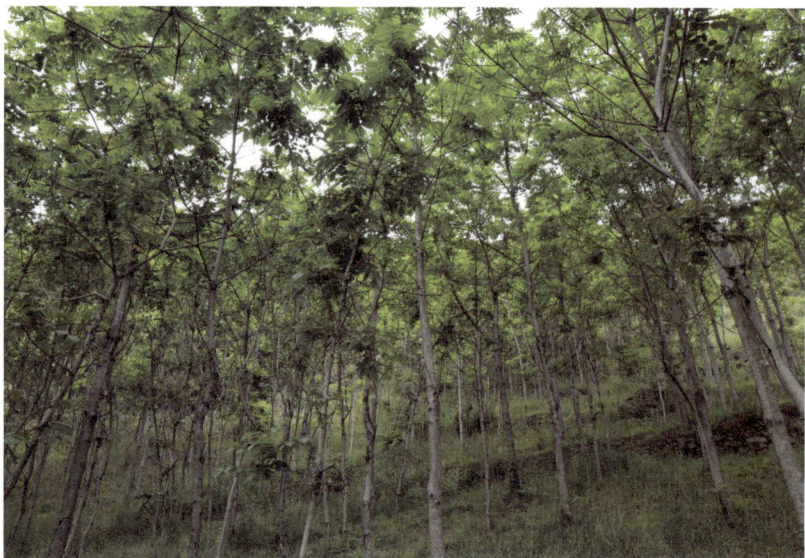

图 2-2  安康 6 年生人工漆林(王尚林 2014 年摄)

## 1. 陕西主要产漆区

陕西全省主要有六个产漆区:即巴山漆区(包括镇巴、岚皋、平利、镇坪、紫阳、白河、旬阳、宁强、石泉、南郑、西乡等县)、汉中安康盆地漆区(包括勉县、汉中、安康、城固、汉阴等县)、秦岭漆区(包括太白、凤县、洛南、商县、丹凤、柞水、山阴、商南、镇安、宁陕、留坝、佛坪、略阳、洋县等县)、关中平原漆区(包括潼关、华县、华阴、渭南、蓝田、户县、周至、凤翔、岐山、宝鸡、眉县、长安等县)、渭北高原漆区(包括韩城、耀县、长武、旬邑、彬县、永寿、陇县、千阳、麟游等县)、陕北黄土丘陵沟壑漆区(包括志丹、延安、甘泉、宜川、富县、黄陵、洛川、黄龙、宜君等县)。列于前四位的产漆区,是全国漆树资源分布最为集中的区域,生漆产量占陕西省产量的90%以上。从漆树分布的密集程度及生漆质量看,以秦巴山区和黄龙山区为优。

表2-1　秦巴山区漆林资源[①]

| 序号 | 地区 | 天然漆林面积(万亩) | 人工漆林面积(万亩) |
|---|---|---|---|
| 1 | 汉中 | 1558.65 | 8.41 |
| 2 | 安康 | 987.75 | 44.06 |
| 3 | 商洛 | 917.70 | 11.47 |
| 4 | 宝鸡 | 561.76 | 1.15 |
| 5 | 西安 | 395.49 | 0.05 |
| 6 | 渭南 | 56.63 | 0.03 |
| 合计 | | 4477.98 | 65.17 |

## 2. 优质漆树品种

陕西省境内漆树品种众多。其中秦巴山区是全国漆树的集中分布区之一。由于山区生态环境多样性,经过长期的人工栽培、选择,产生了许多地方优良品种。主要有五大优良品种,即大红袍、

---

① 根据张飞龙等《秦巴山区漆树资源可持续发展及规模化管理模式研究》,《中国生漆》2004.1提供的数据整理。

高八尺、金州红、火焰子和秦佛漆树等。一般来讲,漆汁道面积大,漆液流量高,单株漆树产量也大;漆酚含量高,生漆品质就好。漆酚含量大于65%,就属于优良品种。五大品种的漆树都具有漆酚高、质量优、产量大的特点,经济价值明显高于一般漆树品种。

(1)大红袍

大红袍为我国乃至世界极为珍稀的漆树品种。1980年,中科院西安植物园漆树科研组,对全国134个漆树品种进行体细胞研究,发现大红袍的染色体为自然三倍体,而其他品种均为二倍体。此品种树形低矮,树高一般在8～12米,树冠呈钟形,羽状复叶的总叶柄与小枝的夹角大,铺散。小叶宽椭圆形,叶背面脉上密被棕色绒毛,大而肥厚,深绿色,柔软。大红袍树干粗,树皮厚呈灰褐色,有浅纵裂纹,裂纹呈红色。大红袍不结种子,这是典型三倍体植物的特性。漆树幼苗种植后8～9年即可开割,割漆寿命达15年左右。大红袍漆汁道面积平均为$0.1632/mm^2 \cdot mm^{-2}$,单株年产漆量平均为0.44kg,漆酚、树胶质、含氮物含量平均为81.04%。[1] 集中分布在平利、岚皋等县。

(2)高八尺

高八尺有红皮高八尺和黄绒高八尺两个品种。其树形高大,树高一般在10～15米,树冠呈尖塔形,主干分枝点高达3～4米。叶软,稀疏,绿色。叶脉白色,背面脉上密生浅黄色茸毛。树皮特显灰白色,有浅纵裂纹,裂口不显红色或稍带浅红色。籽暗黄,结籽量大。最大优点是寿命长、耐割漆。幼苗种植后8～10年即可开割,割漆寿命长达20～25年左右。红皮高八尺,漆汁道面积平均为$0.1091/mm^2 \cdot mm^{-2}$,单株年产漆量平均为0.495kg,漆酚、树胶质、含氮物含量平均为77.78%;黄绒高八尺,漆汁道面积平均为

---

[1]　张飞龙、陈振峰等:《秦巴山区漆树资源可持续发展及规模化管理模式研究》,《中国生漆》2004年第1期。相关数据下同。

$0.1234/mm^2 \cdot mm^{-2}$，单株年产漆量平均为 $0.365kg$，漆酚、树胶质、含氮物含量平均为 $86.06\%$。主要分布在平利、岚皋、镇坪等县。

（3）金州红

金州红（又名茄乌红、毛叶红、贵州红、贵州红毛、红绒贵州等），是我国人工栽培的一个优良漆树品种。主要分布在古代金州所属地的安康地区，是这一地区漆树的代表性品种，具有生长迅速、适应性强、产量高、品质优等特点。金州红树高一般在 10～15 米，胸径为 25～33 厘米，树冠呈钟形。树皮松软，开裂后裂纹多，裂口呈土红色。叶肥厚，背面叶脉上密生浓厚的红褐色茸毛。5月开花，较其它品种早3～5天[①]。金州红有较粗长的漆汁道，漆汁道面积 $0.1128/mm^2 \cdot mm^{-2}$，单株年产漆量为 $0.35kg$，漆酚、树胶质、含氮物含量为 $89\%$，堪称优质漆树之翘楚！

（4）火焰子

火焰子树形低矮粗壮，最高仅6米，最粗胸径1米左右。主干分枝点高约0.7～0.8米，树枝较铺散，叶片宽大肥厚，有的近圆形，浓绿色，叶肉有明显隆起，树皮麻灰色，裂纹显红色，因树皮会自然裂开，到处流漆，遍体呈铁黑色，故又有"铁壳树"之称。其特点是漆液的年产量和漆酚含量较高，色泽明亮，生长区域比较狭小。火焰子开割早，一般树龄5～6年即可割漆。但生长缓慢，产量低，而且到开割年龄不及时割漆，则易"涨死"，寿命短，不足10年。结籽极少或不结籽。漆汁道面积 $0.0594～0.1098/mm^2 \cdot mm^{-2}$，单株年产漆量为 $0.415kg$，漆酚、树胶质、含氮物含量为 $75.62\%$。

（5）秦佛漆树

秦佛漆树原产于汉中佛坪县。树高一般5.5～6.5米，最高可达10米。树皮松软，呈灰褐色或灰白色，树冠呈伞形，枝轮生，小枝

---

① 孙克信、张焕文等：《秦巴山区的优良漆树品种——金州红》，《中国生漆》1982年第4期。

粗状,被褐色茸毛。种植8年即可开割,以后隔一年割一茬,割漆寿命达10~15年。漆汁道面积$0.1908/mm^2.mm^{-2}$,单株年产漆量为0.165kg,漆酚、树胶质、含氮物含量为82.94%。秦佛漆树主要分布在佛坪县东南部,海拔1000米以下山坡,谷地,河旁和地边,以漆粮间作方式种植。具有产量高,漆质好,割漆寿命较长等特点。

以上这些优良的漆树品种,都是科研技术人员经过多年筛选培育而成的。中华全国供销总社西安生漆涂料研究所、西北林学院、西北大学等科研院所,为陕西生漆产业的发展提供了强有力的技术支持。漆农们在地方科技部门的宣传引导下,大面积种植优质漆树品种,从而保证了陕西省高品质生漆产量的稳步提高。

## 二、植漆

漆树的人工培育历史悠久,其方法主要有两种,即播种法和埋根法。随着我国漆树资源的不断开发利用,逐渐建立起了规范化的漆树培育体系。2007年陕西省质量监督局公布陕西省地方标准(DB61/T420.1—2007),陕西漆树的人工培育纳入标准化作业阶段。

播种法:选择生长发育健壮、无病虫害、10~20年生优良品种作为母树,母树在采种当年不割漆。漆树种子一般在9~10月成熟。当外果皮呈黄色而有光亮,树叶发黄并开始脱落时即可采收。以霜降前树木落叶时采集为好。分品种用高枝剪采集果穗。采集后的种子用取核机或打米机或石磨除去外果皮,再经过退蜡、脱脂处理。用湿润的河沙进行层积催芽,至种子裂嘴后播种。

图2-3 漆树苗埋根法及起苗(2014 王尚林摄)

埋根法:一般有两种办法,一是从树龄6～13年,生长健壮的良种漆树根际周围,在距树体1米处挖取树根,每棵树挖取树根以2.5公斤为限。二是在良种苗木根上剪取。以长度12～15厘米、粗度0.5～0.8厘米为佳。最佳采根期为晚秋落叶至上冻前。次年初春,将埋于沙土中的根穗,大头向上,斜插于向阳的土槽中,覆盖地膜,待发芽后,进行育苗栽培。1970年,陕西安康地区推广采用丁字型芽接法繁殖漆树苗,操作简便,成活率也比较高。

为了提高成活率,松土除草、灌溉施肥在育苗培养期非常关键。幼苗成活长至一人高,就可起苗栽培成林了。

漆树作为一种经济树木,提高产量是关键,而病虫害是影响其产量的重要因素。关于病虫害及其防治,见附录附表1和附表2。

## 三、割漆

一年之中,割漆季通常在6～10月间,也就是夏至到寒露期间。

7、8 月是割漆的最佳时间段,所割之漆被称作"三伏漆",此时的漆树汁多浆饱,水份含量少,品质最好,而且漆力恢复较快。割漆进入到规范化体系后,标准化、专业化程度加强。对割漆方法、漆树的开割部位、禁割部位、割漆日周期①、开割口形、割漆工具、路②数、割口量、割漆时间、开割树龄等都有严格的制度规定。割漆制度不仅在于保证生漆的质量,更重要的意义在于保证漆树的存活,杜绝割"狠心漆"。

进山割漆是件脏活苦活累活,只有青壮年男子方能胜任。每个割漆工一天只能采割 1.5 斤到 2 斤漆,民间素有"百里千刀一斤漆"之说。割漆进山前,割漆工必须扎好绑腿,穿着耐磨的长衣长裤,才敢入林。山中多有毒虫猛兽,常有割漆工被猛兽伤害的新闻报道。无论是晴是阴,只要无雨,就可割漆。采割时间以晴天为宜。最好在天刚亮到日出前开割,此时树冠蒸腾作用较弱,空气湿度大,漆液分泌快、时间长、产量高。高温天是割漆的最好时机,流漆量比较均匀。割漆的主要工具有漆刀、树凳、挎篮、接漆涧子和漆桶。割漆基本程序为:勘察漆树资源—规划整修道路—绑上树凳—选定割口部位—刨皮—开刀放水—开口—收漆。

漆刀是一种特制的弯把斧形工具,每个割口共割四刀。规范化的割漆动作顺序是先上后下,先左后右。持刀要稳,运刀要快,做到"刀起丝落",割伤面光滑平整,不留残渣。下刀时刀应向上偏斜,刀与树干保持 70°～80° 的角,使割口上边形成斜坡,下边皮层与木质部之间形成"沟",以利漆液畅流。切割第四刀后,应迅速在割口以下 7 厘米的割口居中处(即营养带下)用漆刀在韧皮部由浅而

---

① 割漆日周期是根据每把刀的刀路量确定。一般每把刀应割 4～7 路。高海拔地区,每把刀≥7 路;低海拔地区,每把刀≥4 路。每割一轮后停割一天,不论刀路多少,割漆日周期均较刀路数延长一天。(陕西省地方标准 DB61/T420.9－2007)

② 路为漆农割漆劳动时间单位。一个劳动者割一天称为"一路"或"一朝"。(陕西省地方标准 DB61/T420.9－2007)

深向上切一长宽各 1.5 厘米左右的切口（即涧口），取出漆刀后迅速将"涧子"（树叶、蚌壳、塑料均可做涧子）插入涧口。割口停止流漆半小时后（一般割后 4 小时左右）即应收漆，收漆时小心地取下"涧子"，将漆液倒入漆桶内。漆桶是悬挂腰际的扁状小木桶，一般能装 3～5 斤生漆，桶内无漆时挂在腰间；收漆后，为防漆洒，一般手提漆桶。

　　1998 年之后，由于国家实施退耕还林政策，野生漆树不允许采割。现在割漆，都是在人工培育的林场进行。

图 2-4　割漆（王尚林 2014 年摄）

四、制漆

　　采割后的天然生漆是不能直接使用的，水分含量高而且杂质较多，必需要经过制漆环节才能够使用。生漆是由漆酚、漆酶、树胶质、水份和其他少量有机物质组成,这些成分的有机组合、相互作用使生漆的作用充分发挥。

制好漆,必先选好漆。生漆掺假已形成极其专业的行当,一般来讲,为了确保质量,漆商是"认人不认货"。有些漆商还会将货款预支给漆农,以解决他们的生活之忧。山民多淳朴,很少有拿了预支款而不交货的。这样传统的交易方式一直持续到现今。

民间有"漆液清如油,光亮照见头,搅动琥珀色,挑起如钓钩"的说法,从漆液的色度、亮度、粘度把握住了优质漆的表征。《本草纲目》记载:"上等清漆,色黑如黳①,若铁石者好","凡验漆,惟稀者以物蘸起,细而不断,断而急收起;又涂于干竹上,荫之速干者,并佳。""试诀有云:微扇光如镜,悬丝急似钩。撼成琥珀色,打着有浮沤。"②古代典籍形象地概括了优质生漆的光泽、丝路、转色、浮泡等要点,时至今日依然有借鉴意义。

原生漆加工精制一般工序为:选漆、过滤、凉制、晒制、细滤。根据预定用途,制成精制生漆、黑推光漆、红推光漆和透明漆。

## 1. 传统制漆方法

王世襄先生在《髹饰录解说》中,对我国古代漆文化文献做了梳理,摘录了宋、元、明、清各个时期琴书中有关精制漆的具体方法,对于了解我国古代制漆之术很有帮助。如北宋《琴苑要录·琴书》中记载了《煎黳③光法》:"好生漆一斤,清麻油六两,皂角二寸,油烟煤六钱,铅粉一钱,诃子一个。右用炭火同熬煎,候见鹧鸪眼

---

① 黳,音 yī。意为黑色琥珀。
② 李时珍:《本草纲目》,辽海出版社 2015 年版,第 1026 页。
③ 黳,音 yī。意为黑、黑色玉石。

上,用铁刀子上试牵得丝为度,绵滤过为黳光也。"《合琴光法》载:
"煎成黳光一斤,鸡子清二个,铅粉一钱,研、清生漆六两。右用同
调和合匀,亦须看天时气,并漆紧慢。如冬天用,加生漆八两到十
两。如夏天用,即减五两,春秋二时增减随时,并须临时相度。上
简试之,如见干迟即更入些生漆,如或干速即更入些黑光,少点些
麻油,和好绵滤过然后用之。"①北宋之时,将退光漆称之为"琴光"
或"光漆"。琴光漆的制作是将黳光漆加生漆来配制。当时黑漆是
煎熬的,而着色剂是油烟煤等。明代蒋克谦辑《琴书大全》卷四记
载的南宋景定时人杨祖云的《合光法》与前述有不同之处:"用真桐
油半斤,煎令微黑,色将退,以好漆半斤,以绵滤去其渣令净,入灰
坯半两,干漆等分,光粉半两,泥矾二钱,重和杂,并煎,取其色光黑
新鲜为度。候冷,以藤纸遮盖,候天色晴明上光,再用绵滤过用,诚
可造妙矣。"②这是一种有油黑漆的制法。这种黑漆是用漆油各半,
经煎制后,髹涂在器物上,干燥结膜后其表面自然就有光泽。但它
的漆膜较软,不宜研磨推光。

　　《髹饰录》关于精制漆制作是分四步来进行的。③

　　第一步:"泉涌,即滤车并幎。高原混混,回流涓涓。"杨明注:
"漆滤过时,其状如泉之涌而混混下流也。滤车转轴回紧,则漆出
于布面,故曰回流也。"这是制漆的第一道工序。不管是生漆、黑
漆,还是透明漆的加工精制,首先都要过滤,除掉杂质。最原始的
滤漆方法是将生漆倒入棕布内,一头吊在树上,另一头拿着绞压,
漆液从棕布内流出。宋代已有绵滤之法:即在幎④上铺一层薄绵,
然后将生漆倒入过滤。也可用目孔细密的绢绸过滤。如果是调制

① 王世襄:《髹饰录解说》,文物出版社1983年版,第46页。
② 王世襄:《髹饰录解说》,文物出版社1983年版,第46页。
③ 见王世襄:《髹饰录解说》,文物出版社1983年版,第46~49页。
④ 幎,音mì,古代车轼上的覆盖的布。此处为用于滤漆的夏布。

少量彩色漆，也可以用灯绵纸过滤。

第二步："海大，即曝漆盘并煎漆锅。其为器也，众水归焉。"杨明注："此器甚大，而以制熟诸漆者，故比诸海之大，而百川归之也。"凡过滤后的生漆，都要放入曝漆盘晒制或放入煎漆锅煎制。晒漆可用木盘、瓷盘、搪瓷盘。煎漆可用铜锅，不能用铁锅；因为漆接触铁会变黑。北宋时制漆提出了"熬煎"法。熬漆和煎漆区别在于，熬漆过程中不需搅拌，而煎漆过程中是要不停地搅拌；一方面是为了快速脱水，另一方面是为了使每个漆分子都能与空气中的氧接触，进行氧化聚合作用。

第三步："潮期，即曝漆挑子。鲻尾反转，波涛去来。"杨明注："鲻尾反转，打挑子之貌。波涛去来，挑翻漆之貌。凡漆之曝熟有佳期，亦如潮水有期也。"在晒制漆液时，要用挑子或木耙不停地将漆液翻动，以增加漆分子与空气中的氧接触的机会，以保证漆酚能够充分氧化聚合。

第四步："水积，即湿漆。生漆有稠淳之二等，熟漆有揩光、浓、淡、明膏、光明、黄明之六制。其质兮坎，其力负舟。"杨明注："漆之为体，其色黑，故以喻水。复积不厚则无力，如水之积不厚，则负大舟无力也，工者造作，无吝漆矣。"水积是说髹涂的漆层要有一定的厚度。厚度不够，就如水深不足，不能负载大舟。生漆不能厚涂，厚了就皱皮。所以必须将生漆制成熟漆。而熟漆不管是做原光漆（厚料），还是推光漆都显得深厚成半透明状。

天然生漆对入漆色料有其独特的要求。凡含锌、钡、铅、铁、钙、钠、钾等金属色料，一入漆即与漆中的乙酸起化学反应，色泽变暗甚至会变成黑色，故不堪使用。凡金属与酸及漆中的乙酸不起化学反应的就能入漆，如金、银、汞、钛等贵重金属类。古人虽然没有现代化学知识，但长期的实践过程，对入漆颜料非常讲究。《髹饰录》中提到的就有：银朱、丹砂、降矾、褚石、雄黄、雌黄、靛华、漆

陕西漆文化概览

绿、石青、石绿、韶粉、烟煤子等诸色颜料。《髹饰录》坤集之首为"质色门",黄成对黑髹、朱髹、黄髹、绿髹、紫髹、褐髹的技法专门进行了详细论述。

最纯正的朱砂出自中国,因此名为中国红。这一颜色作为中国人的文化图腾和精神皈依,其渊源可追溯到古代人对日神虔诚的膜拜。红色,象征喜庆,大方,朝气,还能趋吉避凶、消灾免祸。经过世代承启、沉淀、深化和扬弃,朱红逐渐嬗变为中国文化的底色,渗透到了中华民族的血液中。汉朝是中国最强盛的王朝之一,《史记》记载,民众拥刘邦为沛公"祠皇帝,祭蚩尤於沛庭,而衅鼓旗,帜皆赤。由所杀蛇白帝子,杀者赤帝子,上赤"[①]。汉高祖刘邦认为自己是"赤帝子",推崇红色。在中国的传统文化中,五行中的火所对应的颜色就是红色。汉代在国家政治和文化中都提倡使用红色。朱红色在古代是正色,皇帝御批用朱红,皇家建筑也以朱红色装饰宫墙,大门也用朱漆髹涂,也显示正统的地位和显贵的身份。即使是现代,最纯正的朱漆价格不菲,2007 年,一支 35 毫升纯正的中国朱漆,在国际市场上价格为 170 美元左右。可见朱红这种颜色本身就是极端昂贵的。

朱红色是漆文化的代表色。入漆颜料主要有丹砂、银朱等。朱色漆鲜艳美丽,它可与白玉、宝珠媲美。汉代刘向在其所撰的《说苑》中借孔子之言表达出对朱红色漆的推崇:"丹漆不文,白玉不雕。宝珠不饰,何也?质有余者不受饰也。"[②]这一美学思想,是理解古代造物理念和审美情趣的重要环节。纯粹的美物是无需雕饰的,朴素而天下莫能与之争美。丹漆纯正的红色,其本身就美不胜收。孔子曰:"恶紫之夺朱也,恶郑声之乱雅乐也,恶利口之覆邦

① 司马迁:《史记》,中华书局 1982 年版,第 350 页。
② 刘向撰,向宗鲁校证:《说苑校证》,中华书局 1987 年版,第 511 页。

家者。"①朱色为正色,紫色为间色。在色彩上孔夫子厌恶以邪代正,以颜色说明自己的立场,也表明了他的审美态度。古代皇家贵族喜用丹砂,而不用银朱。这是因为银朱暴露于日光之下会变黑,而丹砂的耐久性能较好,色泽牢固。

黑色亦为五色之正色。入漆的黑色颜料主要有煤烟、油烟、松烟、石墨、氧化铁黑等。纯黑色,是漆器的常用色,古代有"凡漆不言色者皆黑"的说法。天然漆经过氧化后成棕色,加入黑料之后,色泽更加深沉。漆黑是最纯粹的黑,形成漆膜后经打磨的黑色,所生成的镜面,打破黑的沉寂,使漆器充满了神秘性。黑色的文化内涵极为丰富,如秦尚黑色。《史记·始皇本记》载:"始皇推终始五德之传,以为周得火德,秦代周德,从所不胜。方今水德之始,改年始,朝贺皆自十月朔。衣服旄旌节旗皆上黑。"②

黑红两色是漆器的最为经典的色彩搭配,隐含了中国人的天地观念。黑红二色一冷一暖,一静一动,相间搭配,刚柔相济,使漆器具备了热烈而又幽深、典雅而淳朴、庄重而灵动的艺术效果。

## 2. 现代制漆手段

现代精制漆的方法基本沿袭传统方法,只是在设备上利用现代科技以提高效率。精制品种基本是三大类,即生漆、黑漆和透明漆。技术含量较高的是黑漆和透明漆的精制。天然生漆在成膜之前,要通过人为的方法使漆酚在漆酶作用下,预先氧化聚合成多聚体或初具网状结构的高分子化合物,并逐渐脱除水分。在此基础上还要加入着色剂、催干剂和其他树脂等,来增加黑度和透明度。

---

① 张燕婴译注:《论语》,中华书局 2006 年版,第 272 页。
② 司马迁:《史记·秦始皇本纪》,中华书局 1982 年版,第 237 页。

精制黑漆和透明漆与选漆、配料有着密切的关系,之后的程序是过滤、晾制、晒制,再细滤、装桶。

近代从炼焦油中提取的有机色料是非金属性的,且耐酸耐碱,很宜入漆,特别是酞菁系染料,酞菁蓝、酞菁绿入透明漆后,形成透明蓝、透明绿,效果很好。此外,立索尔红、耐晒黄、钛白等现代颜料的入漆,极大地丰富了漆的色彩,对现代漆画的创作有非常重要的意义。

## 五、贸漆

生漆和漆器贸易古已有之。咸阳,不仅是秦王朝的政治、文化中心,也是商业中心,并形成以此为中心的全国道路网。秦"为驰道于天下,东穷燕齐,南极吴楚,江湖之上,濒海之观毕至。道广五十步,三丈而树,厚筑其外,隐以金椎,树以青松。为驰道之丽至于此"[1]。道路通畅,商贾往来,漆器也随之远销各地。汉长安是全国商业集散中心,长安九市中漆器交易也在其中,"丝绸之路"开通后,中外商贸发展迅速,"从长安输出的商品除丝绸外,还有铁器、铜器、漆器、竹器等"[2]。

清末以降,陕西省生漆交易最大的市场在东木头市、粉巷一

---

① 班固:《汉书》,中华书局 1999 年版,第 1781 页。
② 西安市地方志编纂委员会:《西安市志·经济(上)》,西安出版社 2003 年版,第 6 页。

带,此外,宝鸡、安康地区也有不少漆行。宝鸡凤翔的生漆主要运往山东淄博等地,安康的漆行多由淮帮经营,以上海为口岸。解放后,这些漆行逐渐消失。生漆销售归供销合作社系统管理。

从清代末期到抗日战争以前,陕西生漆产量虽有起伏,但基本上比较稳定。据中国土产进出口公司1958年编印的《中国土产资料汇编》记载,民国二十五年(1936)陕西生漆产量为438吨。另据安康地区各县和汉中地区南郑、洋县、西乡、镇巴等县资料记载,民国十九至二十六年(1930～1937),这些县生漆常年产量为447吨。根据以上资料,抗日战争以前,陕西生漆长年产量是在450吨左右[1]。抗日战争爆发后,汉江水运受阻,生漆销路受到很大影响。再加上化学漆的迅速发展,生漆省内外销量趋减,价格也不断下跌。

中华人民共和国成立后,生漆生产恢复发展起来。但新中国成立初期,陕西省的生漆内外销量较低。随着国内第一个五年经济建设计划的实施,生产建设用漆大量增加,生漆市场由滞转畅,当年收购99吨,较上年增加7.6%,供应出口24.1%。1956年收购182吨,调往省外110吨,供应出口61.2吨,纯销售10吨,各方面需要均未满足。1957年生漆实行统一收购,当年收购350.3吨。[2]"文化大革命"期间,全国大的政治气候直接影响了陕西生漆的生产,从1966—1972年,整体呈下降趋势。1972年中日邦交正常化,日本斋藤株式会社上书首相田中角荣,要求大量进口中国生漆。周恩来总理要求陕西、四川、湖北、贵州四省对接日本六个会社,加大生漆出口。时陕西省革命委员会生产组发出《关于加强生漆生

---

① 陕西省地方志编纂委员会《陕西省志·供销合作社》,2010年成稿,内部交流。见陕西地情网 http://sxsdq.cn/dqzlk/sxsz/gxhzsz/

② 陕西省地方志编纂委员会《陕西省志·供销合作社》,2010年成稿,内部交流。见陕西地情网 http://sxsdq.cn/dqzlk/sxsz/gxhzsz/

产和收购工作的通知》，要求认真贯彻"以粮为纲，全面发展"的方针。国家派技术人员深入陕南山区，手把手教山民割漆。同时调整生漆收购价格，采取多种鼓励漆农的政策，当时一天的工分 0.26 元，而割漆 1 公斤 1 元。按照当时的情况，一个熟练的割漆工 1 天能割 1.5 公斤漆，1 天 6 元在当时真可谓高收入了！生漆采购价的大幅提高，极大地调动了农民的积极性，1972 年全省收购生漆 350.5 吨，较上年增加 73%。1973 年陕西生漆收购价调高为每公斤 7 元，除 1975 年略有下降外，其余几年收购量超过 500 吨，在全国居于领先地位，外调出口任务均超额完成。1978 年生漆收购价调高为每公斤 9 元，是年收购增至 756.8 吨。1979 年再增至 1213.2 吨，占全国总收购量的 44.34%。

陕西是全国最大产漆省，也是最大调出省。1956 年至 1990 年，35 年间共调往福建、浙江、湖南、山东、江苏、江西、广东、上海、北京、天津等 18 个自治区生漆 10636 吨，年均 303.89 吨。再加上停止统一收购后的多渠道流出，调出总数在 11000 吨以上。近些年来，陕西省生漆产量（包括安康、汉中、商洛、宝鸡、延安、渭南）经业内人士估算年产量在 230 吨左右（全国不超过 400 吨）。值得关注的是延安的黄龙地区产漆量逐年增加，势头很好。由于陕西生漆品质优良，福建最大的制漆企业福州建联，95% 的生漆来源于陕西。

陕西生漆出口国主要是日本。1954 年恢复对日出口，是年供应 24 吨。此后到 1990 年，37 年间共供应出口生漆 3776 吨，年均 102 吨，约占同期全国出口总量三分之一。1984 年以前，生漆出口由湖北省外贸部门专营。之后，陕西省生漆出口由省外贸部门经营。

表 2-2 陕西省生漆出口一览表(1954—1989)[①]

| 年份 | 出口量(吨) | 年份 | 出口量(吨) | 年份 | 出口量(吨) | 年份 | 出口量(吨) |
|---|---|---|---|---|---|---|---|
| 1954 | 24.1 | 1963 | 60.5 | 1972 | 109.0 | 1981 | 147.7 |
| 1955 | 162.1 | 1964 | 61.7 | 1973 | 113.8 | 1982 | 117.4 |
| 1956 | 61.2 | 1965 | 68.0 | 1974 | 117.4 | 1983 | 90,0 |
| 1957 | 10.7 | 1966 | 54.1 | 1975 | 136.2 | 1984 | 75.9 |
| 1958 | 299.8 | 1967 | 46.6 | 1976 | 117.8 | 1985 | 77.4 |
| 1959 | 269.8 | 1968 | 77.1 | 1977 | 122.7 | 1986 | 57.2 |
| 1960 | 128,7 | 1969 | 87.0 | 1978 | 114.5 | 1987 | 73.3 |
| 1961 | 51.3 | 1970 | 31.8 | 1979 | 229.6 | 1988 | 66.6 |
| 1962 | 43.3 | 1971 | 93.1 | 1980 | 198.5 | 1989 | 114.2 |

据《平利县志》记载,1981～1989 年,由县外贸公司按出口标准,组织出口 151 吨,总值 364.88 万元。[②]

陕西卓萌商贸有限责任公司是近些年来发展势头很好的专营原生漆和精制漆的企业,在陕西省处于龙头地位。2015 年前的生漆出口,主要依托上海、广东、天津、青岛口岸出口,2015 年开始自营出口。出口国为日本、韩国、泰国、马来西亚、越南及我国台湾地区。公司经理任卓萌先生提供了 1997 年至 2014 年公司出口数据(见表 2-3),基本反映了陕西省生漆出口情况。

---

① 资料来源:陕西省地方志编纂委员会《陕西省志·供销合作社》,2010 年成稿,内部交流。见陕西地情网 http://sxsdq.cn/dqzlk/sxsz/gxhzsz/

② 平利县地方志编纂委员会:《平利县志》,三秦出版社 1995 年版,第 183 页。

陕西漆文化概览

表 2 - 3　陕西卓萌商贸有限责任公司出口生漆一览表①

| 年份 | 出口量(吨)② | 年份 | 出口量(吨) | 年份 | 出口量(吨) |
|------|------|------|------|------|------|
| 1997 | 11 | 2003 | 17 | 2009 | 18 |
| 1998 | 13 | 2004 | 16 | 2010 | 18 |
| 1999 | 12 | 2005 | 16 | 2011 | 18 |
| 2000 | 11 | 2006 | 18 | 2012 | 15 |
| 2001 | 14 | 2007 | 18 | 2013 | 17 |
| 2002 | 16 | 2008 | 18 | 2014 | 16 |

# 六、品牌漆

在商品经济发展的进程中,从原生漆到精制漆,陕西生漆的生产逐渐形成了自己的地域性品牌。这些品牌多以产地命名,如牛王漆、岚皋漆、太白漆等,其中知名度较高的有牛王漆和岚皋大木漆。

## 1. 牛王漆

牛王漆是驰名中外的优质生漆。其原产地是安康地区平利县的牛王沟。据乡民传说,该村沟岸上有一巨石,神似拉纤飞奔的

---

① 资料由陕西卓萌商贸有限公司经理任卓萌先生提供。
② 出口数字不包含台湾地区。若加上台湾地区的生漆贸易,在所列数字上另加 2 吨。

牛,石牛旁的平地上,有一牛王庙,村民前去求子祛病十分灵验。此地风调雨顺,十年九丰,因牛王灵犀而得名"牛王沟",上好的生漆也就叫作"牛王漆"。1980 年,武汉大学化学系有机分析教研室对全国 14 个漆树优良品种的生漆漆酚含量分析,平利牛王漆的各项指标居最高点。

按照 2007 年陕西省质量技术监督局发布的《陕西省地方标准—牛王漆(DB61/T420.3 - 2007)》,牛王漆是指"以平利县牛王沟为核心区域及其周边主产的生漆,其品质优良,驰名中外,被称为国漆之珍品","原种产于陕西省平利县城关镇、三阳镇和岚皋县城关镇、蔺河乡等,经长期人工选择培育而成","生产牛王漆的主栽漆树品种,主要有大红袍、高八尺两个品种"。①

平利县的漆树种植历史悠久。乾隆三十三年(1768)颁布的《钦定物料价值则例》,载有平利生漆每斤白银二钱,可折合大米 20 斤。可见此时的陕西生漆已进入全国性的商品流通领域。道光年间(1821~1850),生漆生产继续发展,地处汉江支流的百家湾(今平利大贵乡)出现了经营生漆运销业务的"漆会、船帮"。道光二十九年(1849),百家湾"漆会、船帮"集资重修景福寺,在寺内塑"漆宝祖师"神像,并立碑赞颂。"漆宝祖师"作为人们心目中的生漆事业开创者受到崇敬,说明生漆在社会生产和商品流通中占有一定位置。光绪十六年(1890)以后,生漆大量销住日本。光绪三十二年(1906),安康、平利、白河、商南等地经营生漆的行、号、店、栈增多。安康永昌漆号与武汉大漆商湛裕泰挂钩,年经营漆达 150 多吨②。光绪二十二年(1896),为保护这一优良品种,曾立有"禁碑",规定漆子(籽)漆根

---

① 标准由安康市林业技术推广中心,平利县科技局负责起草。由陕西省林业厅 2007 年首次提出并归口。

② 陕西省地方志编纂委员会《陕西省志·供销合作社》,2010 年成稿,内部交流。见陕西地情网 http://sxsdq.cn/dqzlk/sxsz/gxhzsz/

不得抢打私挖,违者一经查获,轻则听罚,重者送官。所栽所下漆秧,倘有盗窃,一经拿获,即以盗贼论,送官重惩。清末民初,平利正大明漆号业主饶学虞、饶逊安,以"牛头"商标贩运牛王沟一带所产生漆,年经营50多吨,由于品质优良,市场驰名。饶氏沿坝河、汉水、长江直销上海出口生漆,成为远近闻名的富豪。

陕西安康地区素有漆乡之称。古时,安康漆长期作为地方特产,向皇室上贡。《文献通考·土贡考》就记载有唐代"安康郡,贡麸金五两,干漆六斤"[①]。现今,全国五个漆树优良品种中,安康地区就有四个,产量、质量均为全国之冠。安康地区的生漆贸易也成为地方经济的支柱。据《安康县志》记载,清末年间,安康漆行兴起。1930年,安康所产的牛王牌生漆,即在国际市场上享有声誉,民国二十三年(1934),安康划分23个同业公会,漆业位列第三,仅次于山货业和茶业。[②]抗战初期,为了"抗战建国"之需,1937年输出生漆30万公斤。1947年解放战争时期,安康的土特产业多惨淡经营,唯有生漆与抗战前的最好年份接近。[③]新中国成立前,安康地区有知名商团8个,号称安康"八帮",其中的三大帮即淮帮、陕帮和本地帮都以经营生漆为主业。[④]安康地区产漆量长期占全国总量的一多半。

平利县是国家林业局命名的漆树之乡,是全国重点产漆县,产量长期居全国前列。平利主要的优良品种有大红袍、红皮高八尺和金州红等,约占全县漆树资源的70%~80%。全县目前漆树总面积已经发展到40万亩,已达到生产期的有14.1万亩,其中:人工

---

① 马端临:《文献通考》,中华书局1986年版,考二一八。
② 见安康市地方志编纂委员会:《安康县志》,陕西人民教育出版社1989年版,第384~385页。
③ 安康市地方志编纂委员会:《安康县志》,陕西人民教育出版社1989年版,第180~181页。
④ 见安康市地方志编纂委员会:《安康县志》,陕西人民教育出版社1989年版,第384页。

图 2-5　陕西平利县国漆示范区(王尚林 2014 年摄)

漆林 10.2 万亩,天然漆林 3.9 万亩。全县每年可生产优质生漆
560 吨以上。

### 2. 岚皋大木

大木漆树原种产于陕西省平利县、岚皋县、镇坪县、紫阳县、宁陕
县中高山地区。适合生长在海拔 800～1500 米,年平均气温≥12℃,
相对湿度≥70％的区域,漆酚含量高,割漆周期长,产量稳定。

岚皋设县于 1913 年。之前属金州、兴安州管辖。岚皋素以"金
漆"(金州之漆)闻名于世。明清以来,岚皋的大木漆以其优良的品
质,享誉国内外,是国际市场三大名漆之一,与湖北恩施的"毛坝
漆"和贵州铜仁的"龚滩漆"齐名。根据县志记载:"本县漆树除天
然野生外,人工培育品种大木、中木、小木 3 个类型,14 个品种。其
中大木漆麻皮、红皮、蜕皮、青竹膘、山贵州、铁壳品种,约占全县漆

树面积 25%；中木漆大叶高八尺，红茸高八尺，黄茸高八尺品种，约占全县漆树面积 40%；小木漆树大红袍、金州红、金州黄、火罐子及未定名 1 个品种，约占全县漆树面积 35%。"①早在民国初年，日本斋藤株式会社派员来岚皋购漆，从上海出口至日本。清末民初，岚皋出现了一批经营生漆的大户，先后有袁同兴、仁寿同、柯子文、喻正兴等商号、商户，通过安康瑞原永等商号转销东南诸省，年收入达数百万元。

新中国成立后，岚皋生漆产量一直居全国之首，被誉为"王冠上的明珠"。由于生漆品级优良，被列为免检商品。一部分通过供销渠道销售武汉、上海等地，另一部分则经过外贸渠道销售日本等国。1975 年，岚皋列为全国生漆基地县后，中华全国供销总社成立西安生漆研究所，作为全国唯一的生漆科研机构，为全国尤其是陕西省生漆发展提供了有力支持。岚皋是全国漆树栽培密度最大的县，有"巴山漆海"之称，其产量多年居全国第一，以品质优良而誉为"皇冠上的明珠"。岚皋生漆曾获得联合国日内瓦金奖，岚皋曾被国家林业局命名为"中国生漆之乡"。令人遗憾的是，改革开放后，在经济利益的驱使下，一些漆农及漆商逐利心重，割"狠心漆"、卖掺假漆，倒了岚皋漆的名声。经过十几年的低迷，岚皋目前已建成新老漆林 20 万亩，年产生漆 10 万公斤，再次成为全国漆树群体最大、密度最高、资源最多的县，2014 年重回"全国生漆第一县"。

国际市场上日本长期以来是岚皋生漆的最大买家。日本人对岚皋生漆的兴趣，早在明代就开始了，至此之后，购买岚皋生漆的生意从未间断。1990 年 3 月，日本漆商参加了在上海召开的中国生漆出口会议，他们对陕西的"岚皋大木"情有独钟，之后设专项资金支持岚皋生漆产业发展，年投资量在一千万日元左右。

---

① 　岚皋县志编纂委员会：《岚皋县志》，陕西人民出版社 1993 年版，第 159 页。

表 2-4  岚皋县生漆历年产漆量及供出口量情况表[①]

| 年份 | 年产漆量（吨） | 年供出口量（吨） |
|---|---|---|
| 1990—2000 | 200—300 | 30—80 |
| 2001 | 180 | 20 |
| 2002 | 180 | 35 |
| 2003 | 170 | 30 |
| 2004 | 150 | 28 |
| 2005 | 130 | 25 |
| 2006 | 110 | 20 |
| 2007 | 100 | 20 |
| 2008 | 90 | 20 |
| 2009 | 80 | 15 |
| 2010 | 70 | 15 |
| 2011 | 50 | 10 |
| 2012 | 40 | 5 |
| 2013 | 25 | 5 |
| 2014 | 30 | 5 |

① 此表由岚皋县土产公司主任许应伍 2014 年 12 月提供。1990～2000 年仅 1998 年数量明确即产漆量为 140 吨。

# 第三章　陕西漆器的考古遗存

　　陕西是中华民族及华夏文化的重要发祥地。"秦中自古帝王都"。中国历史上先后有 13 个王朝在此建都,其中周秦汉唐是在中国历史上产生重要影响的四个王朝。作为文化中心,陕西地区长期对全国乃至周边国家产生文化辐射作用。宋之后,中国的政治中心北移,经济中心南移,漆器在人们生活中的地位完全让位于瓷器,在物质文化发展的历史上,漆器也由生活用品上升为奢侈品、艺术品。但由于漆器具有天然的亲和力,人们依然在使用着它,尤其受贵族、富裕阶层的钟爱。对于陕西漆文化考古遗存的考察,我们主要集中在周秦汉唐四个王朝。宋以后,陕西的漆器制作逐渐走向民间,它的地位和影响力大不如前朝。

# 一、周朝

周朝含西周(公元前 1046 年～公元前 771 年)与东周(公元前 770 年～公元前 221 年)。西周由周文王之子周武王姬发灭商后所建立,定都于镐京(今陕西西安西部)。后期,由于受犬戎侵扰,镐京不宁,周平王迁都洛邑(今河南洛阳),史称东周,也就是春秋战国时期。陕西是周文化的发祥地,也是西周王朝政治、经济的中心区域。目前,全省已发现西周遗存 1100 余处(其中少量遗存的时代可能略早或略晚于西周),远多于夏商时期。从分布看,关中地区约占总数的 77%,陕北和陕南分别占 17% 和 6%。本书考古资料的搜集和分析以西周和东周的秦国为主。

周是中华民族礼乐文化形成的重要时期。周公旦摄政七年,在意识形态领域进行了全面革新,将上古至殷商的礼乐进行大规模的整理、改造,提出了一系列具有根本性的典章制度,创建了一整套具体可操作的礼乐制,为中华文明的发展提供了制度依据。传由周公所著的《周礼》①记载着先秦社会政治、经济、文化、风俗、礼法诸制,是先秦儒家的重要经典之一。《周礼》分为六类职官,即天官、地官、春官、夏官、秋官、冬官。天官冢宰,负责宫廷事务;地官司徒,负责民政事务;春官宗伯,负责宗族事务;夏官司马,负责

---

① 对于《周礼》的成书年代不属于本文讨论内容。中国古代官制器物的严格规制,在周之前已明确。

军事事务；秋官司寇，负责刑罚事务；冬官百工，负责营造事务。《周礼》冬官部分全佚，代之以《考工记》。《考工记》是中国目前所见年代最早的手工业技术文献，这部著作记述的是齐国官府手工业各个工种的设计规范和制造工艺，然其影响远超出齐国周边，成为后世追溯中华造物理念的重要文本。书中保留有先秦大量的手工业生产技术、工艺美术资料，记载了一系列的生产管理和营建制度，对了解先秦的物质文化具有重要意义。

我国古代物质产品的制造分官府与民间两个体系。官府掌握着社会政治、经济、文化资源，能够集能工巧匠、利器美材用于物质产品的生产上，因此官府制造，多能造出那个时代的精品，最能反映出当时的科技文化水平以及时代风貌。"官府的产品自有官派的用场，设计、制作秉承上命，绝容不得以工匠的创造破坏了钦定的法度。"①而这个法度就是礼制规范。"藏礼于器"是官府造物的重要法则，此观念最早使用于青铜器，以后推而广之，成为官制。统治阶级对器的造型、纹饰均有"形而上"的规制，这一理念在周得以制度化。民间制造，基本是以满足自用或市场需要，产品活泼随意，多粗糙鄙俗。一般来讲，在不违反制度的前提之下，官府制造是民间制造的模仿对象。

《考工记》对漆及其使用有多处记载，如："漆也者，以为受霜露也。"②（漆，用来抵御霜露。）表明周人对生漆的防腐防潮功能了解的很清楚。关于髹车用漆："是故六分其轮崇（轮崇：轮子直径），以其一为之牙围，叁分其牙围而漆其二。其漆内而中诎之，以为毂长，以其长为之围。"③（所以牙围取轮子高度的六分之一，其内侧的三

---

① 尚刚：《天工开物－古代工艺美术》，三联书店 2007 年版，第 10 页。
② 闻人军：《考工记译注》，上海古籍出版社 2008 年版第，134 页。相关译文采用此书。
③ 闻人军：《考工记译注》，上海古籍出版社 2008 年版，第 20 页。

第三章 陕西漆器的考古遗存

045

分之二髹漆。度量轮子髹漆部外缘圆内接正方形的边长，折半作为毂的长度，毂的周长等于毂长。）关于髹弓之漆："漆欲测，丝欲沈。"[1]（漆要清，丝的颜色要像在水中一样。）

周时已人工栽培漆树，而且要纳很高的税。《周礼》记载："凡任地，国宅无征；园廛二十而一；近郊十一；远郊二十而三；甸稍县都，皆无过十二；唯其漆林之征，二十而五。"[2]即国宅不用纳税，需要纳税的，是其按距王城的远近来进行，唯有漆林与王城远近无关，单独提出，其赋税达 25％，远远高于其他赋税。表明漆树已成为朝廷重要的经济作物，征收高额赋税。漆园经济与日常生活的必需品桑麻鱼盐相提并重，经营漆林广泛、获利丰厚，方有"陈、夏千亩漆；齐、鲁千亩桑麻……此其人皆与千户侯等"[3]之说。官府也经营漆园，而且由专职官员负责，著名的庄周就"尝为蒙漆园吏"。[4]

周代漆器较商代有所发展。夏商之前，我国先民制作漆器的技术已达到较高的水平，出现了彩绘、嵌玉等装饰技法。周的漆器制造及装饰技法比前代有很大的发展：多以木材、陶或编织物为胎，外涂漆液，有的嵌以蚌泡、金属，器形多仿青铜器，有豆、盘、盒、杯等，色彩有红、黑、白、青等，其色彩配置要符合礼制的规定。在陕西长安、宝鸡、扶风、岐山等地的周墓室中出土较多，此外，东周秦国墓地出土的一些漆器及残迹也能反映出陕西古代漆器的情况。现将陕西境内的周墓出土的漆器加整理如下。

① 闻人军：《考工记译注》，上海古籍出版社 2008 年版，第 134 页。
② 周公旦：《周礼·地官司徒》，收入《四库全书荟要》吉林出版社 1997 年版，第 250～251 页。
③ 司马迁：《史记·货殖列传》，中华书局 1982 年版，第 3272 页。
④ 司马迁：《史记·老子韩非列传》，中华书局 1982 年版，第 2143 页。

陕西漆文化概览

表 3-1　陕西境内漆器出土一览表——周

| 序号 | 出土时间 | 出土地点 | 墓号 | 件数 | 漆器种类 | 状况 | 著录 |
|---|---|---|---|---|---|---|---|
| 1 | 1967 | 长安张家坡 | 163 | 1 | 漆罍 | 较好 | 中国社会科学院考古研究所:《张家坡西周墓地》,中国大百科全书出版社,1996 年 6 月。 |
| | | | 165 | 2 | 漆盘 | 较好 | |
| | | | 170 | 2 | 漆盘 | 较好 | |
| | | | 260 | 3 | 漆豆 | 较好 | |
| | | | 271 | 1 | 漆碗 | 较好 | |
| 2 | 20世纪70年代 | 宝鸡竹园沟 | 4 | | 漆豆 | 较好 | 宝鸡市博物馆:《宝鸡竹园沟西周墓地发掘简报》,《文物》1983 年第 2 期。卢连成、胡智生:《宝鸡古鱼国墓地》,文物出版社,1988 年。参见王明利:《从考古发现看商代和西周时期的漆器》,《文博》1996 年第 5 期。 |
| | | | | 1 | 漆盘 | 已朽 | |
| | | | | 2 | 漆棺 | 残迹 | |
| | | | 7 | 2 | 漆豆 | 已朽 | |
| | | | | 1 | 漆盘 | 残迹 | |
| | | | | 2 | 漆棺 | 较差 | |
| | | | 8 | 1 | 漆罍 | 较好 | |
| | | | 13 | 2 | 漆棺 | 残迹 | |
| | | | | 1 | 漆盘 | 残迹 | |
| | | | 17 | 1 | 漆豆 | 较差 | |
| | | | 18 | 1 | 漆棺 | 残迹 | |
| | | | 19 | 1 | 漆棺 | 残迹 | |
| | | | 20 | 1 | 漆棺 | 残迹 | |
| | | | | 1 | 漆盾 | 较差 | |
| 3 | 1976 | 凤翔 | 秦公一号3大墓 | | 漆几漆案漆猪漆盒漆勺 | | 韩伟、焦南峰:《秦雍城考古发掘研究综述》,《考古与文物》1988 年第 5、6 期。 |
| 4 | 1976 | 宝鸡茹家庄 | 1 | 1 | 漆棺 | 残迹 | 卢连成、胡智生:《宝鸡古鱼国墓地》,文物出版社,1988 年。参见王明利:《从考古发现看商代和西周时期的漆器》,《文博》1996 年第 5 期。 |
| | | | | 2 | 漆豆 | 较好 | |
| | | | 2 | 1 | 漆棺 | 残迹 | |
| | | | | 1 | 漆案或漆几 | 痕迹 | |
| | | | 4 | 1 | 漆棺 | 残迹 | |
| | | | | 4 | 漆器 | 残迹 | |

陕西漆文化概览

048

| 序号 | 出土时间 | 出土地点 | 墓号 | 件数 | 漆器种类 | 状况 | 著录 |
|------|----------|----------|------|------|----------|------|------|
| 5 | | 户县宋村 | 3 | | 漆器 漆棺 漆兵器 | 残迹 | 吴振烽、尚志儒:《陕西户县宋村春秋秦墓发掘简报》,《文物》1975 年第 10 期。 |
| 6 | 1981 | 扶风强家 | | 6 | 漆器 | 较好 | 周原扶风文管所:《陕西扶风强家一号周墓》,《文博》1987 年第 4 期。 |
| | | | | 1 | 漆器 | 较好 | |
| 7 | 1950～1980 | 长安普渡村 | | | 仅余漆皮及蚌饰 | 残迹 | 石兴邦:《长安普渡村西周墓葬发掘记》,《考古学报》1954 年第 8 册。 |
| 8 | 1983 | 凤翔 | | | 漆奁 漆盒 | 残迹 | 陕西省雍城考古队:《陕西凤翔八旗屯西沟道秦墓发掘简报》,《文博》1986 年第 3 期。 |
| 9 | 1985 | 宝鸡 | 17 | | 漆棺 | 残迹 | 宝鸡市考古工作队:《宝鸡市谭家村春秋及唐代墓》,《考古》1991 年第 5 期。 |
| 10 | 1986 | 西安临潼 | 1 | 1 | 高足漆豆 | 较好 | 秦东陵 1 号墓 |
| | | | | 3 | 漆豆底座 | | |
| | | | | 7 | 漆木简 | | |
| 11 | 2000 | 洛南 | | 6 | 漆陶鼎 漆陶壶 漆陶豆 | 完好 | 商洛市考古队、洛南县博物馆:《洛南西寺冀塬及城关粮库东周墓发掘简报》,《考古与文物》2003 年第 5 期。 |

| 序号 | 出土时间 | 出土地点 | 墓号 | 件数 | 漆器种类 | 状况 | 著录 |
|---|---|---|---|---|---|---|---|
| 12 | 2005 | 韩城梁带村 | 26 27 28 | 5 | 漆器 | 朽坏 | 陕西省考古研究院、渭南市考古所、韩城市文物局:《陕西韩城梁带村芮国墓地西区发掘简报》,《考古与文物》2010年第1期。 |
| | | | 19 | 18 | 漆箱漆豆漆屏风 | | 陕西省考古研究所、渭南市文物保护考古研究所、韩城市文物旅游局:《陕西韩城梁带村遗址M19发掘简报》,《考古与文物》2007年第2期。 |
| | | | 27 | | 建鼓 | | 陕西省考古研究院、渭南市文物保护考古研究所、韩城市文物旅游局:《陕西韩城梁带村遗址M27发掘简报》,《考古与文物》2007年第6期。 |
| 13 | 2013 | 宝鸡石鼓山 | | | 漆器 | | 冀浩凡:《陕西宝鸡石鼓山西周墓成功提取首件漆器》,中国新闻网,2014.1.1 |

从出土的情况看,西周时期陕西境内出土的漆器主要集中在两大区域,一个是以周族发源地为中心的扶风、岐山地区;另一个是以国都镐京为中心的长安地区。由于北方地区气候干燥,不适宜木胎漆器的保存,陕西境内的周代漆器大都朽坏,如陕西韩城梁带村19号墓出土了18件漆器"木胎已完全腐朽,仅存部分髹漆,色彩有朱、黑两色,器形有屏风(疑似)、箱、豆等。其中在椁室东部有

一屏风状漆器和漆箱,彩绘图,色彩鲜艳"①。有些仅残留漆皮,或留有镶嵌在漆器上的金属、蚌泡(片)等,并出现了夹纻漆器遗迹。

从考古发掘报告以及相关研究成果看,周代陕西境内的漆器有以下几个特点:

第一,在漆器髹饰技法上采用蚌饰以及金属装饰。

蚌饰是周代漆器髹饰技法上最具特色的内容。蚌饰可谓原始的螺钿技法,即用贝壳作花纹,这是漆器制作的重要技法之一,现在已经形成为独立的漆器装饰门类。《髹饰录》②曰:"螺钿,一名甸嵌,一名陷蚌,一名坎螺,即螺填也。"③周代流行蚌饰漆器,由于技法尚不够精巧纯熟,多是将蛤蚌壳厚片嵌在胎骨较厚的漆器上,显得比较粗犷硬朗,这样的技法可归为硬螺钿。蚌壳使用在兵器上不乏文献佐证,《诗经·小雅·瞻彼洛矣》有:"鞞琫有珌"④,即用蛤蚌作刀鞘的装饰。《尔雅·释器》有:"弓以蜃者谓之珧"⑤,就是用小蚌壳作弓的装饰。在陕西境内出土的周代漆器,大都发现蚌饰漆器或痕迹。学者认为,先周时期,关中地区为温暖半湿润气候⑥,这样的气候环境下,河流水量丰沛,非常适宜河蚌的生存。用河蚌来装饰生活用品,取材容易,美化效果好。

---

① 陕西省考古研究所,渭南市文物保护考古研究所,韩城市文物旅游局:《陕西韩城梁带村遗址 M19 发掘简报》,《考古与文物》2007 年第 2 期。

② 《髹饰录》为明代隆庆年间著名漆工黄成所著,杨明作注。全书分乾、坤两集。此书是现存最早也是唯一的一部古代漆器工艺的专著。此书的最大贡献在于为古代漆器的定名和分类提供了可靠的依据。本文所引《髹饰录》的内容为王世襄所著《髹饰录解说——中国传统漆工艺研究》,文物出版社 1983 年版。

③ 王世襄:《髹饰录解说》,文物出版社 1983 年版,第 101 页。

④ 鞞,音 bǐng,刀剑柄上或鞘上近口处的装饰;琫,音 běng,刀鞘上端的玉饰;珌,音 bì,刀鞘下端的玉饰。毛传:"鞞,容刀鞞也。琫,上饰也;珌,下饰也。"

⑤ 珧,音 yáo,小蚌。

⑥ 朱士光等:《历史时期关中地区气候变化的初步研究》,《第四纪研究》1998 年第 1 期。

关于周代就有夹纻技法的使用,资料是确凿的。长安普渡村发掘报告推测,"当时在漆皮里面有一层木质或纤维编织的腔,外涂漆皮,再镶蚌泡。"①蚌泡平行排列在所饰物口部的边缘,各蚌泡间距约 3.5～4 厘米;紧切蚌泡的上下,各有平行的一道红色漆皮,宽约 0.3 厘米;环绕蚌饰的周围,也有同样宽窄的漆皮一圈。这些红色漆带和蚌泡形成很规则的集合形图案花纹。距离这一图案花纹下面,约 2.5 厘米左右,又有平行的红色漆皮一圈,比蚌泡周围所环绕的较宽,约 0.4 厘米,与它相接而垂直于下面的也有几道宽约0.2 厘米同样的红漆皮。王世襄先生认为:"从漆工的角度看,普渡村一号西周墓遗物的重要性,不仅在于可以看到漆皮,而且可以推知漆皮中曾有壁腔,也就是漆器的木胎或夹纻胎,或木上糊有织物的布木胎,而蚌泡正是镶嵌在这种漆器上的。"②

张家坡发掘近 400 座周墓,有 35 座有漆器遗存。主要有两种情况:一是纯木胎漆器,在器物表面大都镶嵌蚌泡或用各式蚌片拼成各种图案作为装饰;二是漆木器和青铜构件或镶嵌、或榫接、或包铜,组成铜漆木器具。保存较好的漆盘,尺寸不大,165 号墓的两件漆盘宽度都是 24 厘米,长分别为 44 厘米、长 48 厘米;170 号墓的漆盘略大,长 54 厘米,宽 26 厘米;260 号墓的漆豆直径 17.2 厘米,高 9 厘米,通盘残高 20 厘米;271 号墓的漆碗很小,直径约 10厘米。宝鸡竹园沟 8 号墓有漆罍 1 件,圆肩处饰一周圆形蚌泡;7号墓有漆豆 2 件,残留棕褐色漆皮,豆盘周镶圆形蚌泡。扶风强家1 号墓有 6 件圆形漆器,其中 2 件镶嵌蚌饰;长方形漆器 1 件,镶有六角形蚌饰。这些蚌饰多镶嵌在器物的肩、腹、腰等部位,装饰重

---

① 凡"陕西境内漆器出土一览表"中注明著录的,在文中一律省略出处。下同。

② 王世襄:《中国古代漆工杂述》收入《髹饰录解说》,文物出版社 1983 年版,第231 页。

点与同时期的青铜器有类似之处。蚌饰与彩绘图案有机结合，使蚌的晶莹与漆色的沉稳形成视觉对比，漆器更加美观。

漆工艺中使用金属材料早在商代已经出现。对于漆器的装饰，古人的审美因受制于对材料认知的限制，起初使用的是最易与生漆调和的朱砂和黑料来装饰漆器。为了丰富漆器的色彩，利用生漆特有的黏性粘贴蚌壳及金属，不失为最简单、最便捷的装饰技法。周墓中出土的一些金属釦器，是金属装饰漆器的较为原始的状态。所谓釦器，就是将一种金属制的圈安放在漆器的口沿或腹鼓或足圈部分，起加固防护兼装饰作用。金属圈需与器皿的安放部分粘牢，并与器身浑然一体，安装的技法多为镶嵌。金属参与漆器的制作，使漆器更加美观实用，后世出现的金银平脱、末金镂、金银胎戗金、金髹、彩金像等漆艺技法，更加细致工巧，令金属的光泽与漆膜交相辉映，美轮美奂。

第二，在漆器材料上开始使用泥子和兑漆技术。

周代匠人已经会使用泥子。泥子就是腻子、漆灰。《髹饰录》曰："土后，即灰。有角、骨、蛤、石、砖及坯屑、磁屑、炭末之等。大化之元，不耗之质。"[①]"灰"泛指做漆器底胎所用的粉状材料，以角、骨、蛤、石、砖、瓦、瓷及晒干的黄土等研碎成粉而成。灰自身没有黏合力，需与生漆或猪血、胶、明油等拌合，呈柔软的半固体状，用于木胎封固和平整胎骨。批灰是漆器制作的基础工艺。漆灰的使用可以填平填料孔和木纹缝隙，防止水份的侵入，也可减少面漆的消耗，降低成本。在漆灰中可以加入适量的着色颜料，为其后的工序打好基础，如需描饰，描绘出的线条更加流畅、色彩更加饱满。通过批灰提高了漆膜平整度和光泽，可使漆膜更加光滑，抛光顺利，漆器更加美观。在宝鸡竹园沟 7 号墓有长方形漆盘残迹，漆皮

---

① 王世襄：《髹饰录解说》，文物出版社 1983 年版，第 44 页。

下有粉状沙粒漆灰。4号墓棺木腐朽后残存大量黑褐色漆皮,漆皮内侧有漆灰。8号墓有木质漆盾1件,黑褐色漆皮,漆皮下有漆灰。20号墓有木质漆盾3件,板痕上有漆灰,表面有黑褐色漆膜。

周代之前的漆器在色彩上基本上只有黑、红两色。周代又出现了褐、棕等漆色。在陕西境内出土的周代漆器及其残迹上,褐色、黑褐色、红褐色、棕色、棕褐色漆纷纷出现,表明兑漆技术有了进一步的发展,匠人能够按照黑、红色的比例调配出更多的同色系的色漆,丰富了漆器的色彩,增加了器物的美感。

第三,漆器器形多仿青铜器,纹饰以几何纹、饕餮纹、窃曲纹、云纹为主。

张家坡发现一批保存较好的铜漆木器,有盨、罍、案等,均出于井叔墓。木胎虽朽但遗迹清晰,从残留的铜漆木器具的铜构件上看,青铜器痕迹浓重。152号墓的36号、28号和41号漆盨铜盖上的铭文与同时期的青铜器铭文完全一样。

几何纹样是装饰纹样中最早也是使用最多一种纹样。它包括各式各样的曲线、直线、水纹、漩涡纹、三角形纹、锯齿纹、垂幛纹等等,具有鲜明的简洁性、明晰性和符号性。这些具有浓厚的神秘色彩的抽象的纹样,究竟是如何产生的,"至今仍是世界艺术史之迷"[1]。岂今为止,学术界的解释主要有两种观点,一种观点认为:早期的几何纹样源于生产和生活。出于对美的追求,因为装饰的需要,先民们将自然界的一些形状简化、抽象而成,我们现在所见到的几何纹样,如"叶脉纹是树叶脉纹的模拟,水波纹是水波的形象化,云雷纹导源于流水的漩涡。"[2]而另一种观点认为:几何纹具有原始图腾的含义。如:"螺旋纹饰是由鸟纹变化而来的,波浪形

---

① 李泽厚:《美的历程》,天津社会科学出版社2001年版,第31页。
② 转引自李泽厚:《美的历程》,天津社会科学出版社2001年版,第31页。

的曲线纹和垂幛纹是由蛙纹演变而来的。……这两类几何纹饰划分的这样清楚,大概是当时不同氏族部落的图腾标志。"①早期"更多的几何图案是同古越族蛇图腾的崇拜有关,如漩涡纹似蛇的盘曲状,水波纹似蛇的爬行状。"②此外,也有学者认为几何纹的组织规律与劳动的节奏感有内在联系,或是对纺织纹的模拟等③。

动物纹在周代漆器的装饰中亦占有一定的比例。动物纹在商周时期具有"通天"的功能,其内涵有一个变化的过程,"在商周之早期,神话中的动物的功能,发挥在人的世界与祖先及神的世界之沟通上,而到了神祖之世界分离后的周代后期,神话动物与神的世界被归入了一个范畴之内,而人之与动物为敌成为对于神的反抗的一种象征。"④饕餮纹、窃曲纹⑤等动物纹是青铜器中最常见的纹样,具有强烈的时代风尚,在此时的漆器上也有同类纹饰。在扶风黄堆云塘 13 号墓、20 号墓出土有似斗、盒等漆器,腹壁饰蚌泡,并绘有彩色的饕餮纹。张家坡 170 号墓出土的漆案侧面鬃黑漆,其上用红漆画连续的窃曲纹。动物纹饰图案有的是在器皿表面或内底的地漆上描绘,有的是在雕刻有各种动物形象的漆器上加饰的彩绘花纹。而且随着时间的推移,各种动物纹样的增减有明显的变化。例如在器皿上直接描绘的动物纹样的数量逐渐增多,而在雕刻动物形象上加饰的纹样却逐渐减少。动物纹样有写实和变形夸张两类。写实的动物纹样是以自然界存在的动物为题材,但其在所见的漆器中比例远远少于变形夸张的动物纹样。变形夸张的动

① 石兴邦:《有关马家窑文化的一些问题》,《考古》1962 年第 2 期。
② 转引李泽厚:《美的历程》,天津社会科学出版社 2001 年 3 月版,第 31～32 页。
③ 田自秉《中国工艺美术史》,东方出版中心 1985 年 1 月版,第 19～20 页。
④ 张光直《中国青铜时代》,生活·读书·新知三联书店 2013 年版,第 432 页。
⑤ 窃曲纹:呈 S 形,两端微曲,是动物纹的简化和演变。

物纹样,体现了古人丰富的想象力和创造力,是部落图腾亦或是祖先灵魂的[1],饕餮、蟠螭、龙、凤、麒麟等纹样,成为中国古代文化最具代表性的图案。这些纹饰在陕西境内出土的漆器纹饰中多有发现。

云纹属于自然景象纹样。取材于自然界的山水云雷等绘制而成。在古代漆器中,主要有山纹、水纹、云纹、雷纹等。山纹、水纹偏写实,如山纹中的山字纹,山峰等,水纹中的波纹、波折纹等。云纹、雷纹变幻多端,极富表现力,如云纹就有卷云纹、勾连云纹、云气纹,以及动物纹幻化出的云鸟纹、云龙纹、云兽纹等。雷纹也有勾连雷纹、云雷纹、三角形雷纹等。古人认为云和雷是有区别的,《说文》:云"山川气也,从雨云,象回转形也"。雷"阴阳薄动,雷雨生物者也"。云为云气之形,雷为回转之声,都作回旋状。这类纹样多与其他纹样组合图案,起辅助作用,少数做主要纹样。宝鸡茹家庄1号墓甲乙两室内棺木腐朽后,残存大量黑褐色彩绘漆皮,彩绘多为云纹。这类纹样有极强的装饰效果,连续不断、绵延不绝,动感十足。

第四,漆器胎体以木胎为主,兼有陶胎、铜胎等。

漆器胎骨的材料多样。竹木陶皮、金属藤麻均可为胎。早期漆器的胎骨以木竹为多。木竹价廉,材料易得,容易成形,与生漆有极强的亲和力,竹木一经髹涂,熠熠生辉。但竹木的缺陷也很明显,如易腐朽、翘裂、虫蛀等。脱胎胎骨以麻布为主,也称夹纻胎,它不但体更轻,还不变形,虫不蚀。陶瓷胎凡不上釉的均可作漆器底胎,但易碎,生活中一般少用。皮胎是以动物皮为胎,如灰底不厚也易变形。汉以后,造纸术发明,纸胎漆器出现,纸胎以厚纸板

---

① 【日】林巳奈夫:《神与兽的纹样学》,生活·读书·新知三联书店2009年版,第22页。

塑形，批灰髹漆成器，具有轻巧、耐腐、不变形的优点。《髹饰录》有"布心纸胎"之说。

周时的漆器胎骨以木胎为多。从考古遗存上看，木胎的漆盒、漆匕、漆豆、漆盘、漆碗发现最多。河南泌阳战国秦墓中出土17件漆器，全为木胎。器形主要有：樽、舟、耳杯、奁等，器内髹红、褐漆，略有黄、金黄色，器表髹黑、灰漆①。四川青川战国中晚期秦墓葬出土漆器皆为生活用器。胎体多为木胎，也有在木胎上贴麻布的，有少量的夹纻胎。器形有鸥鹚壶、扁壶、圆壶、耳杯、双耳长盒、圆盒、双耳长杯、奁、卮、碗、匕等等。颜色以红和黑为主，一般是黑漆地绘红色花纹。秦东陵集中了秦始皇的父、母、祖父、曾祖父的墓葬群，东陵1号墓出土了一件基本完好的漆木高足豆，因有铭文"八年造"，即名为"八年造"漆木高足豆。这是目前我国北方地区首次发现的有多个铭文的战国木胎漆器。2010年11月，西安市公安局破获一起盗掘秦东陵案件，从犯罪分子手中缴获了这件珍贵文物。此豆表面髹漆，豆上部圆盘已残，通高28.6厘米，盘直径16.7厘米。中为细柄，下为足座，座直径14.6厘米，边缘有一圈红色云纹图案。在底座上有针刻铭文："八年相邦薛君造雍工师效工大人申"和"八年丞相受造雍工师效工大人申"②。铭文中的"相邦"即相国，与"丞相"皆为官职，"八年"为年号，即秦昭襄王八年，"薛君"（即孟尝君）和"受"是人名。"效"为监管漆器生产的工师。"工大人"为主造漆器的职务。"申"是漆器主造工名。③此豆铭文揭示了战国时期的秦国中央督造漆器实行分级领导管理体制，丞相、工师

---

① 驻马店地区文管会，泌阳县文教局：《河南泌阳秦墓》，《文物》1980年第9期。

② 王辉，尹夏清，王宏：《八年相邦薛君、丞相殳漆豆考》，《考古与文物》2011年第2期。

③ 胡玉康，潘天波：《中国西部秦汉漆器艺术》，人民美术出版社2014年版，第155页。

等官职在漆器生产中实行责任连带制。①进入东周时期，木胎漆器产生了一些变化："战国早期，漆器胎质基本为纯木胎，胎骨均较厚拙；战国中期漆器胎质明显变薄；战国晚期至秦漆器胎骨薄而轻盈。"②从上述漆器中可看出这一变化。

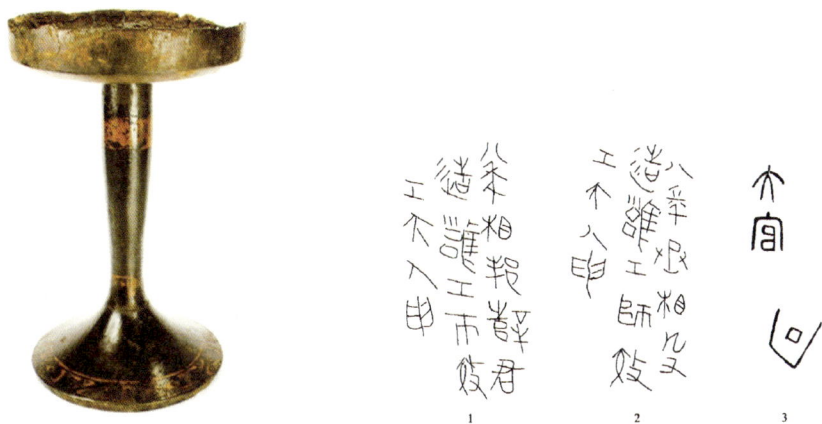

图 3-1　"八年造"漆木高足豆及其铭文③

陶胎漆器，又称作漆陶器、漆衣陶器。从现已发现的考古遗存看，商周时已有出现，战国时期，仿青铜礼器、日用器的漆陶器普遍见于楚墓中。《髹饰录》曰："棬榡，一名坯胎，一名器骨。方器有旋题者、合题者。圆器有屈木者、车旋者。皆要平正、轻簿，否则布灰不厚。"杨明注云："又有篾胎、藤胎、锡胎、窑胎、冻子胎、布心纸胎、重布胎，各随其法也。"④棬榡，即漆器胎骨。窑胎，即陶、瓷胎。春秋战国时期的漆艺制造水平基本成熟，此时墓葬中的漆陶器，可以判断是明器。由于漆陶器制作成本低，外表与昂贵木漆器大体相

　　①　胡玉康，潘天波：《大漆与中国文化》，中国社会科学出版社 2013 年版，第 119 页。

　　②　李如森：《战国秦汉漆器综述》，《史学集刊》1987 年第 4 期。

　　③　图片来源王辉，尹夏清，王宏：《八年相邦薛君、丞相殳漆豆考》，《考古与文物》2011 年第 2 期。

　　④　王世襄：《髹饰录解说》，文物出版社 1983 年版，第 163 页。

同,以漆陶器陪葬,是当时丧葬制度进步的表现。

2000年,陕西洛南县西寺冀塬墓葬出土了春秋晚期至战国早期成对的精美漆陶器6件。其中漆陶鼎2件、漆陶壶2件、漆陶豆2件(见图3-2)。这批漆陶器地均为黑色,红色描绘的纹饰线条简洁。挖掘报告称:"漆陶鼎2件形制相同,泥质灰陶,器壁较厚,通体髹黑漆,漆上用红白二色彩绘。腹较深、圜底,子母口上承隆顶形盖,盖面无纽。附耳外斜,蹄足粗矮,断面近圆柱状,足微外撇。耳与足有削棱。盖面外区饰一周蟠蠕纹,盖顶双线圆心内用红、白二色填绘三分式水涡纹。腹壁饰云纹,云纹多呈'S'状,手法随意简洁。在附耳的内外侧均用红线勾框,其间饰对称朱色圆点,蹄足上部饰简约勾描的兽面纹。"①漆陶壶、漆陶豆的描述概如上述。从体积上看,漆陶壶最高,体量也最大,口径10.8厘米,腹径24厘米,底径13.3厘米,高33厘米,纹饰也相对精美复杂,而鼎与豆明显要小,鼎的口径17.5厘米,高17.4厘米;豆的口径16.6厘米,高20.5厘米,纹饰简单,发掘报告者推测是晋楚文化兼容的创新漆器,并推测墓主为地位相对要高一点的士,这有利于对漆陶器的功能与地位的理解。

图3-2 漆陶鼎 漆陶壶 漆陶豆②

---

① 商洛市考古队,洛南县博物馆:《洛南西寺冀塬及城关粮库东周墓发掘简报》,《考古与文物》2003年第5期。

② 图片来源:《考古与文物》2003年第5期。

铜胎漆器在此时亦有发现。周代青铜制造技术非常发达,青铜器成为周代物质文化的代表。生漆是一种优良的金属防锈涂料,髹漆于青铜器上,一是为了保护器皿,二可起装饰作用。陕西凤翔秦公1号大墓发掘出土了一批几案、漆猪、漆盒、漆勺等漆器制品。从残片上看,有部分夹纻胎质,底色髹黑、红两色漆。[①]在上述陕西洛南县西寺冀塬墓葬中也有铜胎漆器的报告,"铜鼎1件因受压变形呈椭圆……盖顶中心以及环形内外区饰形态各异的蟠龙纹。腹中部有一周凸棱纹,以此为界上下腹饰相同的蟠龙纹。耳内外面饰单体弯曲成'S'形的夔龙纹,耳侧饰陶索纹。另在鼎身纹饰间填漆脱平,使得器表格外醒目和华丽,填漆脱落近半,近半保存尚好",并由此断定"此种对器物施以填漆的装饰工艺,应是受了楚国漆器文化的影响"。[②]

秦灭巴蜀前后的漆器风格有所变化,这是研究战国秦漆器不可忽视的一点。公元前316年,秦出兵巴蜀,势力扩张到秦岭以南。在此之前,秦的漆器制造基本依附于木器手工业,漆器的制作传承周漆器的工艺和艺术风格。巴蜀地区的漆文化深受楚国的影响,漆器的造型、纹饰都带有明显的楚风,技术制造、生产规模也胜于秦国。秦灭巴蜀后,不但拥有了更为丰富的漆资源,还获得了一大批技能娴熟的漆工匠,使秦国漆器的制造、生产有了长足发展。秦统一后,在有效整合生漆资源、人力资源及漆器手工业作坊的形势下,迎来了秦漆器发展的黄金时代。

考察秦灭巴蜀后的漆器风格,可以从位于现四川境内发掘的秦墓中了解一二。这些墓葬主要有三个,即青川战国墓、成都羊子

---

① 王学理,尚志儒,呼林贵:《秦物质文化史》,三秦出版社,1994年,第51页。

② 商洛市考古队,洛南县博物馆《洛南西寺冀塬及城关粮库东周墓发掘简报》,《考古与文物》2003年第5期。

山 172 号墓和荥经古城坪 1 号墓。青川战国墓出土的漆器皆为生活用器。胎体多为木胎，也有在木胎上贴麻布的工艺，有少量的夹纻胎，制法有镟、雕、挖、卷、削等几种。器形有鸱枭壶、扁壶、圆壶、耳杯、双耳长盒、圆盒、双耳长杯、奁、卮、碗、匕等。工艺技法有彩绘、雕绘镶嵌和针刻等。纹饰有龙、凤、鸟、兽、鱼、云纹、花草及各种几何形图案，颜色以红和黑为主，基本是在黑漆地上朱绘花纹。2 号墓 9 号和 26 号墓 7 号漆卮底部有针刻"成亭"戳记，42 号墓 2 号漆奁底部有两处填朱的"成亭"烙印戳记，漆耳杯的耳底刻有"x君"字样[①]。铭文显示的"成亭"即为成都。成都羊子山第 172 号秦墓出土的漆器，胎质均为木胎，有的在木胎上贴编织物。发掘出很多漆器铜扣，铜扣上有错银花纹。器形有盒、奁、方盒、圆扣漆器和大方扣漆器。其中一件方扣漆器在木胎上刷灰再髹漆。漆盒外髹黑漆，于黑漆地上朱绘龙纹[②]。四川荥经古城坪 1 号秦墓出土的漆器，胎骨均为木胎，胎的制作方法有挖制、削制、卷制等。器形有圆盒、匕、耳杯、双耳长杯、扁壶等。漆色以红、黑二色为主。圆盒和仓内红外黑，盒外壁用红漆彩绘，纹饰主要有变形凤纹、三角卷云纹、逗点云纹、几何纹和点纹。耳杯和双耳长杯内外髹黑漆，无彩绘。1 号墓 1 号圆盒底上烙印有"成亭"二字。[③]巴蜀地区出土的秦漆器不同于秦地出土的秦漆器。三座墓葬发现的漆器，表现出秦灭巴蜀后，蜀人对秦文化的认同，它既保存有原巴蜀本地漆器的风格特征，同时也融合了秦地漆文化的元素，器型更加工整，构图更为严谨。

---

①　四川省博物馆、青川县文化馆：《青川县出土秦更修田律木牍——四川青川县战国墓发掘简报》，《文物》1982 年第 1 期。

②　四川省文物管理委员会：《成都羊子山第 172 号墓发掘报告》，《考古学报》1956 年第 4 期。

③　荥经古墓发掘小组：《四川荥经古城坪秦汉墓葬》，《文物资料丛刊》文物出版社，1981 年第 4 期。

# 二、秦朝

"秦王扫六合,虎视何雄哉!挥剑决浮云,诸侯尽西来。"[1]公元前221年,秦始皇完成统一大业,建立了中国历史上第一个统一的封建王朝,定都咸阳。这个王朝虽然仅有15年的历史,但在中国漆艺工艺史上仍具有重要的地位。

秦是重视制度的朝代。秦统一六国,"车同轨""书同文""行同伦"。漆园的管理、漆器的制作及管理也规范化、制度化。秦律以严苛著称,漆园管理、漆器制作等制度明确、奖惩分明。据云梦秦简《秦律杂抄》载:"漆园殿,赀啬夫一甲,令、丞及佐各一盾,徒络组各廿给。漆园三岁比殿,赀啬夫二甲而法(废),令、丞各一甲。"[2]如果漆园管理不善,被评为下等,县令、丞与漆园啬夫并罚,可见秦国对生漆生产是极为重视的。产品规格及其管理亦规定明确,秦简《工律》曰:"为器同物者,其大小、短长、广亦必等。""为计,不同程者毋同其出。"[3]对于并不影响产品质量的装饰,也不得敷衍,如若

---

① 李白:《古风·二》,收入中国社会科学院文学研究所编《唐诗选》,人民出版社,1978年版,第128页。

② 睡虎地秦墓竹简整理小组:《睡虎地秦墓竹简》,文物出版社1990年版,第84页。这段话意为:漆园评为下等,罚漆园的啬夫一甲,县令、丞及佐各一盾,徒络组各二十根。漆园三年连续被评为下等,罚漆园的啬夫二甲,并撤职永不叙用,县令、丞各一甲。

③ 睡虎地秦墓竹简整理小组:《睡虎地秦墓竹简》,文物出版社1990年版,第43页。这段话意为:制作同一种器物,其大小、长短和宽度必须相同。计账时,不同规格的产品不得列于同一项内出账。

出了问题，同样要惩处，秦简《效律》曰："殳、戟、弩，漆彤相易（也），勿以为赢、不备，以职（识）耳不当之律论之。""器职耳不当籍者，大者赀官啬夫一盾，小者除。"①可见秦对手工业产品的质量监督是非常严格的。为了检查漆器产品的质量、规格，秦政府还专门规定了相应的法令来奖惩漆器手工业作坊的官员和工匠。《效律》曰："工禀漆它县，到官试之，饮水，水减二百斗以上，赀工及吏将者各二甲；不盈二百斗以下到百斗，赀各一甲；不盈百斗以下到十斗，赀各一盾；不盈十斗以下及县中而负者，负之如故。"②这一系列严格的规章制度，不论是生产还是管理，在每个环节上都要把关，并施以明确的奖惩制度，从而确保了漆器产品的质量。仅从漆器生产环节看，秦王朝的质量管理体系不输现代，这些两千年前的制度设计值得借鉴！

秦统一的历史过程中，大量豪族巨贾、能工巧匠逐渐聚集国都咸阳，漆器制作呈现出繁荣的景象。在云梦秦简中有许多关于生漆生产、管理、运输以及器物生产标准的记载，强化了"物勒工名"制度，即在漆器上要留下工匠及监管人员的名号，从而形成严格的漆器生产、监管的质量跟踪体系，对提高产品的质量具有重要意义。在睡虎地出土的许多秦代漆器上，有不少与咸阳有关的针刻铭文，如："咸亭""咸市"等，表明这些是秦代咸阳市亭所管辖的漆

---

① 睡虎地秦墓竹简整理小组：《睡虎地秦墓竹简》，文物出版社1990年版，第74页。这段话意为：殳、戟和弩，涂黑色和涂红色的调换了，不要认为这是超过或不足数的问题，应按标错次第的法律论处。器物标记编号与簿籍不合的，如为大的器物，罚该官府的啬夫一盾，小的器物则可免罪。

② 睡虎地秦墓竹简整理小组：《睡虎地秦墓竹简》，文物出版社1990年版，第74—75页。这段话意为：工匠到别的县领漆，运抵官府，加以测试，饮水，水减在二百斗以上，罚工匠及率领他们的吏各二甲；不满二百斗而在一百斗以上，罚各一甲；不满一百斗而在十斗以上，罚各一盾；不满十斗以及从该县领漆亏欠的，应补赔使足原数。

器作坊的产品①,它的产品能远销到千里之外的安陆县(今湖北云梦县),在漆文化发达的楚地占有一席之地,说明秦都咸阳的漆器制造业相当发达,漆器品质上乘。在这批出土的漆器上,针刻着工匠的铭文,如"宦里□""钱里□""女里□""安里皇"等,"里"是秦代的最小的行政单位,"里"后面的文字是工匠的名字。工匠在所做的器物之上留下名字,在当时的陶器、兵器、秦砖上等均有记录。秦代的漆器已建立起有严格规范的生产管理体系。

① 陈振裕:《略论睡虎地出土秦汉漆器》,收入左德承编《云梦睡虎地出土秦汉漆器图录》,湖北美术出版社1986年版,第107页。

表 3－2　陕西境内漆器出土一览表——秦

| 序号 | 出土时间 | 出土地点 | 墓群 | 墓号 | 件数 | 漆器种类 | 状况 | 著　录 |
|---|---|---|---|---|---|---|---|---|
| 1 | 1977 | 咸阳黄家沟 | | 2 | 3 | 漆盒 | | 秦都咸阳考古队《咸阳市黄家沟战国墓发掘简报》,《考古与文物》1982 年第 6 期 |
| | | | | 24 | 4 | 漆盒 | | |
| | | | | 25 | 1 | 漆盒 | | |
| | | | | 36 | 1 | 漆盒 | | |
| | | | | 38 | 1 | 漆盒 | 完好 | |
| | | | | 39 | 1 | 漆盒 | | |
| | | | | 44 | 1 | 漆盒 | | |
| | | | | 45 | 1 | 漆盒 | | |
| | | | | 47 | 1 | 漆盒 | | |
| | | | | 48 | 2 | 漆盒 | 完好 | |
| | | | | 48 | 2 | 漆盒 | 完好 | |
| | | | | 50 | 3 | 漆盒 | | |
| 2 | 1991～1993 | 陇县店子 | | 237 | 1 | 漆器 | 痕迹 | 陕西省考古研究所《陇县店子秦墓》,三秦出版社 1998 年 |
| | | | | 242 | 1 | 漆器 | 痕迹 | |
| | | | | 279 | 1 | 漆器 | 痕迹 | |
| 3 | 1995 | 咸阳塔尔坡 | | 25263 | 1 | 漆盒 | 已朽 | 咸阳市文物考古研究所《塔尔坡秦墓》,三秦出版社 1998 年 |
| | | | | 32350 | 1 | 漆盒 | 已朽 | |
| | | | | 35263 | 1 | 漆盒 | 已朽 | |
| | | | | 38325 | 1 | 漆盒 | 已朽 | |
| 4 | 1974～1977 | 临潼 | 始皇陵秦俑坑 | 1 号坑 | | 兵器、战鼓等髹漆 | 残迹 | 始皇陵秦俑坑考古发掘队:《临潼县秦俑坑试掘第一号简报》,《文物》1975 年第 11 期 |
| | | | | 3 号坑 | | 华盖 | 残迹 | 秦俑坑考古队:《始皇陵东侧第三号兵马俑坑清理简报》,《文物》1979 年第 12 期 |
| | | | | 1、2、3 号坑 | | 兵马俑,彩绘前施生漆涂层 | | 张志军:《秦始皇陵兵马俑文物保护研究》,陕西人民出版社,1998 |

陕西境内出土的秦代漆器保存完好的不多。我们现在能看到的保存完好的秦代漆器,基本是湖北秦墓出土的。秦昭王 29 年(公元前 278 年),秦将白起攻下楚国郢都(今湖北省江陵纪南城),并建置南郡,至公元前 207 年秦灭亡的 70 余年里,湖北分别隶属于秦的南郡、黔中、南阳和长沙等四郡。1976 年,湖北云梦睡虎地 12 座秦墓里共发现漆器 180 多件,且保存完好,弥补了秦代漆器少实例之缺憾。之后,考古工作者连续发掘多座秦墓,大量秦漆器的相继面世,为了解秦文化提供了丰富的器物例证。

表 3 – 3　云梦睡虎地秦墓 1975~1978 年间出土完好的漆器一览①

| 出土时间 | 墓号 | 件数 | 漆器群 |
|---|---|---|---|
| 1975 | 11 | 40 | 圆盒 2、盂 2、圆奁 2、椭圆奁 1、笥 1、匕 2、卮 1、樽 1、耳杯 23、轺车 1、六博棋 1、髹漆竹笥 1、棺 1 |
| 1975 | 9 | 39 | 圆盒 2、盂 1、双耳长盒 2、长方盒 1、圆奁 1、凤型勺 1、匕 1、扁壶 2、卮 1、耳杯 19、轺车 1、髹漆竹笥 1、髹漆竹筒 1、珮 3、壁 1、棺 1 |
| 1977 | 34 | 41 | 圆盒 2、盂 2、双耳长盒 1、圆奁 2、椭圆奁 1、扁壶 1、卮 2、耳杯 28、凤型勺 1、棺 1 |
| 1977 | 33 | 34 | 圆盒 1、盂 1、双耳长盒 1、圆奁 1、椭圆奁 1、扁壶 2、卮 1、耳杯 22、匕 1、勺 1、棺 1 |
| 1978 | 25 | 44 | 圆盒 1、盂 1、双耳长盒 1、圆奁 2、小壶 1、耳杯 36、棺 1 |
| 1978 | 43 | 28 | 圆盒 2、盂 1、双耳长盒 1、圆奁 2、椭圆奁 1、卮 2、耳杯 19、棺 1 |
| 1978 | 44 | 17 | 盂 1、双耳长盒 1、圆奁 2、扁壶 1、耳杯 11、棺 1 |
| 1978 | 45 | 27 | 圆盒 1、长方盒 1、圆奁 1、卮 1、耳杯 21、弩机 1、棺 1 |

---

① 根据陈振裕《秦代漆器群研究》整理,此文收入北京大学考古文博学院编著:《考古学研究(六)》,科学出版社 2006 年版,第 221 页。

从表3-3看，云梦睡虎地秦墓中出土的漆器，量大且保存较好。有相当部分的外底、盖内、盖顶等处针刻或烙有"咸亭""咸市"等铭文，表明为咸阳所产。如图3-3彩绘豕口形双耳长漆盒，为云梦睡虎地43号墓出土。木胎，挖制，两端突出的双耳绘成豕首（猪头），上部绘猪的眉目。器外壁有"咸包""亭上"的烙印文字。图3-4彩绘凤型勺，为云梦睡虎地9号墓出土。兽首凤身，木胎。凤尾下有"咸□""□□亭□"烙印文字。这两件漆器，以动物为造型，写实与抽象结合，实用与美观结合，设计巧思，堪为精品。

一般来讲，漆器上的铭文主要表达三个方面的信息：一是属于私营作坊制造的漆器，戳记使用者或私家制作工人的姓氏；二是属于政府控制下的地方性官府作坊制造的漆器产品，或由中央直接控制的设在各郡的制造漆器的"工官"制品，带"亭""市""工官"戳记的铭文，多注明漆器制造地；三是标明纪年、容量、单位与刻画符号之类的文字，还有的刻各种符号以及标记或兼吉祥祝福之言，如"工""山""洰""三"等[1]。

图3-3　彩绘豕口形双耳长漆盒　秦

湖北省博物馆藏

---

① 张飞龙：《中国古代漆器款识研究》，《中国生漆》2007年第1期。

图 3-4　彩绘凤形漆勺　秦

湖北省博物馆藏

**表 3-4　云梦睡虎地有"咸亭"等铭文的漆器一览**[①]

| 序号 | 漆器编号 | 漆器种类 | 形　制 | 铭　文 | 纹　饰 |
|---|---|---|---|---|---|
| 1 | M9:10 | 圆盒 | 通高 20.5cm | "咸亭上""中" | 在黑漆地上,用红、褐色漆绘变形鸟纹、云气纹、几何纹。 |
| 2 | M9:51 | 双耳长盒 | 长 27.8cm,宽 13.3cm,通高 11.8 | "咸亭□""□亭□""亭" | 在黑漆地上,用红、褐色漆绘鸟云纹、鸟头纹、圆圈纹。双耳处彩绘似兽嘴。 |

① 资料主要来源于张荣:《古代漆器》,文物出版社 2005 年版,第 62～70 页。

| 序号 | 漆器编号 | 漆器种类 | 形 制 | 铭 文 | 纹 饰 |
|---|---|---|---|---|---|
| 3 | M11:3 | 圆奁 | 盖径 24cm,底径 22cm,通高 13.8cm | "咸亭包""咸□""亭上""告""钱里大女子" | 内涂红漆,外涂黑漆,素面。 |
| 4 | M9:6 | 凤形勺 | 高 13.3cm | "咸□" | 勺内涂红漆,余部涂黑漆,在黑漆地上红、褐色漆绘凤鸟的羽毛及眼、鼻、耳等。 |
| 5 | M33:8 | 椭圆奁 | 长 25.6cm,宽 11.8cm,通高 9cm | "咸亭""咸亭上""亭上""咸""王""包" | 内涂红漆,外涂黑漆。 |
| 6 | M33:34 | 耳杯 | 长 24cm,宽 18.4cm,高 8.4cm | "咸亭上""包""告""素""生" | 只在口沿和耳上涂有红、褐漆的彩绘花纹。 |
| 7 | M34:25 | 圆盒 | 口径 21.4cm,通高 19cm | "咸亭上""咸亭""三""未""朱三" | 盖顶绘鸟云纹。器身绘夔龙纹、鸟云纹。口沿外绘波折纹和点纹。 |

综合上面三个秦代漆器一览表,我们可以归纳出秦代陕西漆文化有下述几个特点:

第一,漆器制造业规范化程度高。

国都咸阳是漆器生产集散地。在湖北云梦睡虎地、四川青川、河南泌阳等地出土的秦墓中,不少漆器带有"咸亭""咸市""咸亭上"等铭文,"咸"是国都咸阳的意思,烙有"咸市""咸亭"铭文的漆器是咸阳

陕西漆文化概览

市亭所管辖的漆器手工业作坊的产品标识①。烙有这些铭文的漆器在多处墓葬中被发现，表明其产量和质量在全国的影响及地位。

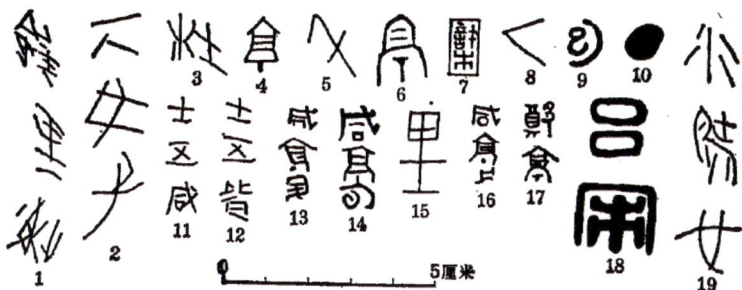

图 3-5　云梦睡虎地出土漆器铭文及符号②

秦漆器手工业呈多种经营的发展模式。有中央直属的手工业作坊，也有地方经营的官府漆器手工业，还有私营手工业作坊。如湖北凤凰山 70 号秦墓出土的漆盂针刻"廿六年左工最元"③，河南泌阳秦墓出土漆器有"卅五年口工造""卅七年工左匠造"④等铭文

① 陈振裕：《战国秦汉漆器群研究》，文物出版社，2007 年版，第 189 页。对于带有这类铭文的漆器，学者们的观点颇有争议，宋治民认为："标有此类铭文的漆器都为地方官府制漆手工业的产品。"（宋治民：《汉代的漆器制造手工业》，《四川大学学报》（哲学社会科学版）1982 年，第 2 期）。刘士莪认为："此类铭文的漆器应是该地市府或该地旗亭管辖的漆器作坊的产品，亦即秦国官工制品。"（刘士莪：《秦汉时期的漆器》，《中国生漆》1987 年第 1 期）。罗开玉则认为铭文是私人生产的漆器标识（罗开玉：《秦在巴蜀的经济管理制度试析——说青川秦牍、"成亭"漆器印文和蜀戈铭文》，《四川师院学报（社会科学版）》1982 年第 4 期）。袁仲一通过对秦陶器的研究认为："'咸亭'是咸阳亭的省文，带有亭名和里居名的陶文，是民间私营制陶作坊的标识。"（袁仲一：《秦始皇陵考古发现与研究》，陕西人民出版社，2002 年，第 581 页。）

② 图片来源湖北省博物馆：《1978 年云梦秦汉墓发掘报告》，《考古学报》，1986 年第 4 期。

③ 文物编辑委员会，湖北省博物馆：《湖北省文物工作新收获》《文物考古工作三十年》，文物出版社 1979 年版，第 303 页。

④ 驻马店地区文管会，泌阳县文教局：《河南泌阳秦墓》，《文物》1980 年第 9 期。

与秦兵器制作有相像之处,如:秦俑坑出土的兵器上有"十九年寺工邦工目"①等铭文。此类铭文不但有制造年代、督造的官员,而且还有制作者的名字,与秦《工律》的记载非常吻合。"此类漆器应是秦中央所属手工业部门的产品。"②

管理严格、工序分明。在已发现的秦漆器上,出现的"包""告""素"等铭文,这是刨工、造工、素工的意思。按照"物勒工名"制度,每道工序过后,工匠在漆器上留下印记。从中可以看出,咸阳漆器制作已有多道工序,且分工明确。"钱里大女子"是漆匠的印记。"王""朱三"等是漆器物主的印记,学者认为"带有此类铭文漆器,一是所有权的象征,另一点是认为漆器珍贵,特意写上墓主人或亲人的姓氏作标一记"③或"这种铭文应是器物持有者的名字,为买后所刻,也应为私人作坊的产品"④。

第二,生活用漆器量大且多。

早在周代,漆器已替代青铜器步入礼器的行列,秦代的漆器中依然有相当数量的礼器出现,但从出土的情况看,具有明显青铜器色彩的漆豆、漆盒、漆罍等礼器逐渐淡出,与生活密切相关的漆盒、漆奁、漆勺、耳杯等大量出现(参见表3-3)。战国时期的楚国追求奢靡,十分流行用漆器作明器,一些专作明器的镇墓兽、虎座飞鸟、鹿座飞鸟、鹿等,在秦统一后不多见了,而日常生活用具增多了,占到"墓中出土漆器的80%以上,有的墓甚至为95%以上"⑤。如睡

---

① 陕西省考古研究所始皇陵秦俑考古发掘队:《秦始皇陵兵马俑坑一号坑发掘报告(1974—1984)》,文物出版社1988年版,第265页。

② 宋治民:《汉代的漆器制造手工业》,《四川大学学报》(哲学社会科学版)1982年第2期。

③ 李如森:《战国秦汉漆器铭文浅论》,《天津社会科学》1987年第4期。

④ 宋治民:《汉代的漆器制造手工业》,《四川大学学报》(哲学社会科学版)1982年第2期。

⑤ 陈振裕:《实用美观的秦代漆器》,《收藏家》2002年第10期。

虎地15～28号墓、43～53号墓,25座秦墓中发掘出200件漆器。器形主要有圆盒、盂、双耳长盒、长方盒、圆奁、椭圆奁、凤形勺、扁壶、樽、卮、小壶、杯、盘和耳杯等14种,其中以耳杯最多,圆奁次之,凤形勺、樽、小壶和杯等最少。[①]睡虎地77号墓中,发掘漆器18件,其中圆盘3件、耳杯7件、卮2件、圆奁2件、椭圆奁1件、枕形器1件、残漆器2件。[②]这些漆器多为生活用食器、酒器、水器等,墓主的身份和地位一般,比如睡虎地11号墓入葬于秦始皇三十年(公元前217年),墓主"喜"是一个低级官吏,出土漆器40件,大多保存完好。可见漆器在当时的官僚日常生活中使用较为普遍。出土的这些漆器将生活与艺术、美观与实用相结合,为精美昂贵的漆器赋予了生活气息。一些漆器的设计颇具慧心巧思,如漆圆奁,是由圆筒状的器身与盖相套合而成。它不仅实用,而且有别于漆圆盒。器身呈圆筒状,底平但圆盖隆起,富于变化而不呆板。许多漆圆奁还在黑漆地上用红漆或红、褐漆等色彩绘鸟云纹、变形鸟纹、鸟头纹、菱形纹、草叶纹等纹样,使漆奁更加美观。对于用途相近或相同的器物,造型也不雷同,如漆椭圆奁,它与圆奁的用途相同,但造型各异。再如睡虎地9号墓出土的凤形勺(见图3-4),造型新颖、曲线优雅、纹饰绚丽,以凤首、颈作勺把,在凤背部挖空成勺,雕出的凤尾向外张开。勺外底较平,可稳置于案上,功能性强。勺里髹红漆,余均髹黑漆,并用红、褐漆彩绘凤的眼、鼻、耳以及羽毛纹等纹样,使它更加绚丽多彩。

秦代漆器之所以精美,与其千姿百态的器皿造型,以及符合时代要求的实用性与美观性相结合有关。依据其用途与器类的不

---

① 湖北省博物馆:《1978年云梦秦汉墓发掘报告》,《考古学报》1986年第4期。
② 湖北省考古研究所、云梦县博物馆:《湖北云梦睡虎地M77发掘简报》,《江汉考古》2008年第4期。

同,进行不同的艺术加工,至今仍为世人所瞩目。

第三,生漆广泛使用在兵器上。

秦代兵器上使用生漆的最丰富的实例,集中体现在西安临潼的秦始皇陵秦俑坑中。在这里漆的功用主要表现在两方面,一是髹涂在秦俑体表,起保护和装饰作用。二是髹饰兵器。由于生漆具有很强的粘附力,涂于陶体表面,可保护陶俑并使之光滑,便于彩绘。在秦始皇兵马俑1、2、3号陪葬坑中,埋藏的近8000件陶俑、陶马的体表上均施有一层或两层生漆。兵马俑新出土时,色彩艳丽,与空气接触后不久,漆皮脱落,陶胎暴露出来。现在看到的基本上是灰色的兵马俑。从俑坑中发现的兵器,如箭、箭囊、战车周围,残存大量的红、黑色漆皮。漆不仅可以保护兵器,而且增加了装饰效果。在秦俑坑中,与之陪葬的木质战车、弓干、铍柲、箭箙、柲、鼓、盾等遗迹也有髹漆现象。2009年,考古人员在对兵马俑1号坑进行发掘中,首次发现了三处笼箙遗存,内装有铜箭头,分属于两辆战车。笼箙就是放在战车上的小箱子,用于盛放弓弩等兵器。专家在对1号坑车笼箙夹层木炭样品进行显微镜观察时,发现有一层非常薄的漆膜,用片刀将漆皮剥离后,看到在炭块上贴附着一层规则的纵横交叉织痕,初步判断是纺织物。通过显微镜进一步观察,确认为丝织物。这些丝织物能够炭化保留下来,可能与丝织物里面是木材,外面是漆膜和漆灰有关。涂漆层既隔绝了空气,又隔绝了水分,提高了丝织物和木材的耐腐性。[1] 2010年,在秦兵马俑1号坑的第三次发掘中,出土的鼓和盾的表面也有髹漆现象。其中鼓直径为60厘米,为木胎彩绘漆器,一件以绿色基调为主,另一件以红色基调为主,皮鼓面上的彩绘清晰可辨。盾长约60厘米,

陕西漆文化概览

072

---

① 杨永林,张哲浩:《兵马俑坑发现梓木所做笼箙和丝织品遗存》,光明日报。2014年3月17日。

宽约 40 厘米,髹漆①。漆盾边绘制多层几何纹,线条隐约,色彩为红、绿、白。盾背髹漆未彩绘。

古代兵器,不仅是作战武器,也是一个国家科技和战斗风貌的体现。对兵器施以彩绘的历史非常久远,一直存在于冷兵器时代。髹涂彩绘的兵器,既实用又美观,还能增添军人的威武。

第四,漆器的木胎骨制作方法以挖、斫、桊三种方式为主。

秦之前,木胎漆器的胎骨制作方法主要是以整木挖制和斫木卯榫为主。挖、斫这两种方法延续到秦代,依然是较为普遍的方法。如陕西凤翔秦公 1 号大墓发掘出土的漆勺主要运用的就是挖制工艺,云梦睡虎地出土的凤形勺木胎,挖、斫并用,凤头做柄首,凤颈为把柄,凤身挖成勺形。几、案等平板制器,一般采用斫制,即将几、案的面削平或凿凹槽,安足后髹漆、施以纹饰。湖北云梦睡虎地 11 号秦墓出土的盂、樽等漆器主要运用了斫制工艺。桊制是将木材片薄,利用生漆的粘性将柔化的木片卷成圆形、桶形等形态,再接上底座,器型固定之后,进一步髹漆、彩绘。咸阳市黄家沟战国秦墓出土的漆盒、睡虎地 11 号秦墓出土的漆器圆盒、卮、耳杯、圆奁等主要运用的是桊制工艺。睡虎地 31、33、34 和 36 号墓出土的漆器扁壶、樽、勺等主要运用的挖制技术,而凤形盒、奁、卮等主要运用的桊制技术。漆器胎骨制作工艺的多样化,得益于制造工具的进步。"秦农业的发展,促进社会分工的扩大,可抽出较多的劳动力,投入漆器手工业生产,随着秦冶铁业的发展,锋利的铁制工具大大提高了制造漆胎骨(木胎、竹胎)的效率。"②

1999 年 3 月,秦始皇帝陵 9901 陪葬坑(又称"百戏俑坑")经整

① 陕西省考古研究所始皇陵秦俑考古发掘队:《秦始皇陵兵马俑坑一号坑发掘报告(1974—1984)》文物出版社 1988 年版,第 210～277 页。
② 陈绍棣:《秦漆器试探》,《中国生漆》1984 年第 2 期。

体考古发掘，首次发现有"宫藏"文字的 4 号俑（俗称"泡钉俑"），这为研究"秦俑家族"和秦宫制度以及当时的娱乐艺术和时尚生活等提供了鲜活的珍贵资料。根据专家描绘，陶俑上衣的彩绘目前保留为一层紫色，以平涂方式，绘出明暗与浓淡效果，上衣的四个圆泡之间绘有八角纹。上衣与袖口的边缘部分，有仿锦类丝质的纹样，以带状几何纹为主，单体几何纹、枝叶纹等作为辅助纹样。陶俑下肢的彩绘分为两层，上层为白色，涂刷的白色颜料为骨白，底层为黑色的生漆；下裳的彩绘为两层，底色呈黄色，颜料为铁黄，表层为白色，颜料为骨白。下裳的彩绘层上绘有黑、白、灰三色纹样，绘画工艺有勾、描、填、点等方式。总之，该俑除脚踏板外，通体涂彩绘①。在秦陵百戏俑坑出土的 3、5 和 6 号陶俑体上，发现局部采用了漆器制作中的夹纻工艺②。纻，是比大麻布更加精细的纻布。漆艺中夹纻工艺为独立体系。其主要步骤是：先塑泥胎，再用漆把麻类织物贴在泥胎外面，待漆阴干后，反复髹涂多次，定型后把泥胎取出，最后进行修整施以彩绘。百戏俑夹纻工艺虽然比较简单，但足以代表当时秦之髹漆彩绘的最高水平。

第五，漆器纹饰以几何纹、鸟云纹、云纹等为主。

秦代的几何纹样主要有圆、点、圆圈、菱形、方格、点格及三角纹等。有少数漆器上是以它们的相互变换组成几何形花纹，作为主要的装饰纹样；大多数漆器上几何纹与其他装饰纹样构成图案，作为辅助纹样起衬托作用。秦代漆器中大量出现了波折纹，绵连不绝的波折纹有规律地重复，产生运动性变化，有力地烘托了主体纹样，装饰效果很强。

---

① 赵建兰：《"百戏俑"让人浮想联翩》，《中国文化报》2013 年 11 月 7 日。

② 刘江卫：《浅议秦陵百戏俑的夹纻工艺》，《秦文化论丛（第十辑）》三秦出版社 2003 年版，第 506 页。

陕西漆文化概览

**074**

秦之前，鸟纹、凤纹是漆器常用的纹饰之一，但鸟云纹在出土的春秋战国时期漆器中几乎没有见到。云梦出土秦代的漆器中出现了大量的鸟云纹，十分引人关注。有学者认为汉代的云纹是由古代的蟠螭纹或鸟纹发展演变而来[①]。而秦代的鸟云纹作为这种过渡性纹饰恰恰印证了这一观点。连续的鸟云纹描绘在器物上，产生出流动感。这些鸟云纹表现形式多样，变化多端，有以圆形曲线表达，亦有用夸张的直线来表现，有的线条简洁，有的图案繁复，有适合纹样，亦有连续纹样，有的是主要纹样，有的作辅助纹样。这一纹样在秦代的漆器上大量出现，表现出秦人独特的审美意趣及其非凡的艺术想象力和创造力。

图 3-6　B 形鸟头纹

秦代漆器的鸟云纹出现了一种高度抽象化的 B 形鸟头纹（见图 3-6）。这种鸟头纹在秦汉时期大量出现，达 39 种之多[②]。把鸟头变形简化成 B 型，表现出古人高度抽象的概括能力，增加了画面的神秘感。这种几近概念化、符号化的鸟头纹往往呈带形连续纹样的形式，对主要纹样起陪衬、烘托作用。

云纹在秦漆器装饰纹样中占有一定的比例，大多数是作为辅助纹样出现在圆盒、耳杯、圆奁等漆器上。这类纹样也因时间、地

---

① 田自秉、吴淑生、田青：《中国纹样史》，高等教育出版社 2003 年版，第 145 页。
② 陈振裕主编：《中国古代漆器造型纹饰》（序论），湖北美术出版社 1999 年 7 月版，第 6 页。

点、器物等的不同而有差异性。从云梦睡虎地出土的漆器上看,云纹变化多端,46号墓的卮上勾连云纹和36号墓长方盒的勾连云纹就有很大的不同,前者规范整齐,线条比较生硬,呈二方连续的构图;而后者表现自由奔放,线条流畅,构图的组合形式是适合纹样。此外睡虎地漆器上的云纹有一个较为突出的特点是云、云气与龙、鸟等动物形象相互幻化,从而产生了翻腾滚动,亦真亦幻的云龙、云鸟、云兽等图案,极具艺术感染力。

## 三、汉朝

汉分"西汉"(前202年～8年)与"东汉"(公元25年～220年)。西汉立都长安;东汉建都洛阳。汉长安城是西汉的政治统治中心、经济管理中心、军事指挥中心、文化礼仪活动中心,是西汉历史文化的缩影。本书的研究范围主要以西汉为主,但有些宏观的描述以整个汉代来表述。

漆器是汉代物质文化的代表。对于汉之漆器,后世学者极尽溢美之词:"汉代漆器的制作,体现了卓越的设计思想。……是实用和美观结合的典范。"[①]"汉代极端精美并且可以说空前绝后的各种工艺品,包括漆器、铜镜、织锦等等。所以说它空前绝后,是因为它们在造型、纹样、技巧和意境上,都是在中国历史上无与伦比,包括后来唐、宋、明、清的工艺也无法与之抗衡(瓷器、木家具除外)。

① 田自秉:《中国工艺美术史》,东方出版中心1985年版,第155～156页。

所以能如此,乃由于它们是战国以来到西汉已完全成熟、处于顶峰状态中的工匠集体手工业的成果所至。"①西汉的漆器"在中国古代漆艺史上占据了最辉煌最重要的位置",此时漆器的胎骨技术、纹饰技法已经"形成了一套完整的、成熟的、极其丰富、并不断发展的漆艺术表达'语言系统'",在艺术表现力与实用性结合方面,西汉的漆器"不仅用丰富的色彩、生动的纹饰,而且以精湛的工艺制作手段,基本表述了另一种美的观念,一种无与伦比的,渗透了数千年人伦文化精神和与自然息息相关的本质的凝重的美"。②"汉代漆器的漆膜光滑细腻,出土的大部分漆器历经两千年仍光泽照人,有的内胎都被腐蚀殆尽,而漆膜仍完好如初。……仅红色就有几种变化,色彩或用油或用漆,都与技术的提高密切相连。"③如此等等不一而足。这些赞誉,都是对汉代漆器的技术、设计以及文化内涵的高度肯定。

汉代的漆器种类繁多。有鼎、壶、钫、樽、盂、卮、杯、盘等饮食器皿;奁、盒等化妆用具;几、案、屏风等陈设用品。饮食器皿所占比重最大。此外,仿青铜器形制的漆鼎、漆壶、漆钫等依然存在且占有一定比例。"青铜器固然仍受到重视,但作为食具,其化学稳定性远不如漆器;而性能堪与之抗衡的瓷器,到东汉才真正烧成并逐步推广。"④因此,漆器在西汉独领风骚。漆器成为贵族身份地位的象征。达官贵人极尽追捧,漆器制作愈加精巧考究,纹饰愈加精致优美,造型更加富于变化。汉代推崇厚葬,"事死如生",墓室的型制和结构,尽量模仿墓主生时状态,住宅有前室、中室、后室及侧室、耳室,有的还有厨房、厕所。随葬品几乎涵盖了衣、食、住、行、用各个方面。如食物有酒、粮、果、禽、鱼、畜等等;生活用具有盘、

---

① 李泽厚:《美的历程》,天津社会科学出版社 2001 年版,第 133 页。
② 王琥:《漆艺概要》,江苏美术出版社 1999 年版,第 5 页,第 6 页。
③ 乔十光主编:《中国传统工艺全集·漆艺》,大象出版社 2004 年版,第 23 页。
④ 孙机:《汉代物质文化资料图说》,上海古籍出版社 2011 年版,第 91 页。

① 李泽厚:《美的历程》,天津社会科学出版社 2001 年版,第 133 页。
② 王琥:《漆艺概要》,江苏美术出版社 1999 年版,第 5 页,第 6 页。
③ 乔十光主编:《中国传统工艺全集·漆艺》,大象出版社 2004 年版,第 23 页。
④ 孙机:《汉代物质文化资料图说》,上海古籍出版社 2011 年版,第 91 页。

卮、豆、酒壶、奁、甂、鼎、案、耳杯、酒樽、镫等等。在挖掘的西汉大墓中,陪葬的漆器动辄上百件,如马王堆 1 号墓出土漆器 184 件;2 号墓出土漆器 200 件;3 号墓出土漆器 316 件。上层社会对漆器偏爱之甚、需求量之大,令人咋舌。

汉代漆器制造主要由三方面组成:一是中央工官管理的官府手工工场;二是由地方工官监制,私营作坊承制;三是私营手工作坊。"从考古发掘所得的实物看,官府手工业有中央的少府属官考工所制造的漆器,有各郡国所造的漆器,有各工官所造的漆器,也有侯国所造的漆器,这些从漆器铭文中可以看出。而私营手工业作坊生产的漆器则往往带有作坊主的姓氏。由于私营制造漆器手工业在技术上已达到了很高的成就,所以至迟在东汉早期就出现了第三种经营方式,即由工官监制而由私营手工业作坊承制。"[1]位于长安的中央工官中,制造漆器的有少府所属的考工室、右工室,简称考工、右工。学者判定"在我国甘肃武威和朝鲜平壤发现的一些漆器中,带有'考工''右工'等铭文的便是由长安制造。"[2]朝廷在盛产漆器的地区设工官,专为皇室、贵族及高官生产漆器。供皇帝使用的漆器一般刻有"乘舆"字样和工匠及主事官员的名字。据《汉书·地理志》记载,时有河内郡、河南郡、颍川郡、南阳郡、济南郡、泰山郡、广汉郡、蜀郡等 8 处设置漆器工官。在地方工官中,生产漆器的只有蜀和广汉两郡经费由国库支付,其他由地方自筹。《汉书·贡禹传》记载:"蜀、广汉主金银器,岁各用五百万。"如淳注:"蜀郡成都、广汉皆有工官,工官主作漆器物者。"[3]这里的金银器

---

① 宋治民:《汉代的漆器制造手工业》,《四川大学学报》(哲学社会科学版)1982年第 2 期。

② 李盛东:《中国漆器收藏与鉴赏全书》(下卷),天津古籍出版社 2007 年版,第340 页。

③ 班固:《汉书·贡禹传》,中华书局 1964 年版,第 3070 页。

是指彩绘金银钿漆器和金银平脱漆器。巴蜀漆器主要提供都城长安享用，其余的远销安徽、贵州、广西等地，在乐浪郡（现朝鲜首都平壤）遗址中也发现有蜀、广汉的漆器。这些盛产漆器的手工工场，生产了比前世要多出数倍的精美漆器，成为汉代物质文化的重要标志。

漆器的制作，自古都是耗时费工的，是富贵与奢侈的象征。《盐铁论·散不足》就有"一杯椫用百人之力，一屏风就万人之功"①之说。可见漆器即使在广为流行的汉代，也不是一般百姓消费得起的日常器物。"今富者银口黄耳，金罍玉钟，中者野王紵器，金错蜀杯。"②所谓"银口黄耳"或"器"，就是流行于西汉时期的漆器样式，即在盘、樽、盒、奁等器物的口沿上镶镀金或镀银的铜箍，在杯的双耳上镶镀金的铜壳。言即富贵的人家都在使用着金银钿漆器，中等人家使用野王（今河南泌阳）的夹纻漆器、蜀郡的金平脱漆器。《后汉书·和熹邓皇后纪》言："其蜀汉钿器、九带佩刀并不复调。"③蜀指蜀郡，汉指广汉郡，是说邓皇后为了表示节俭，停止征调蜀郡和广汉郡生产的名贵漆器，也说明汉代对漆器重视的情况。然而，漆器在生活中使用的相对普遍性，反映出汉代国力的雄厚，民间的富足。即使在为数不多的考古遗存中，我们也可以发现，不论在器型上、胎骨制作上、纹饰上，陕西汉代漆器几乎与两湖出土的汉代漆器类同。

长安是西汉之国都，帝王围绕着其周围建陵。西汉 11 个皇帝的陵墓，除汉文帝刘恒霸陵和汉宣帝刘询杜陵位于西安市东白鹿塬北端及市南郊的少陵塬外，其余 9 位均安葬在渭河北岸的咸阳塬上。《后汉书·礼仪志》载："王公主贵人皆樟棺朱漆，画云气。公

---

① 桓宽著，王利器校注：《盐铁论校注》，中华书局 1992 年版，第 356 页。
② 桓宽著，王利器校注：《盐铁论校注》，中华书局 1992 年版，第 352 页。
③ 范晔：《后汉书》，中华书局 2007 年版，第 123 页。

特进樟棺黑漆。"①王公贵族流行用樟木做棺材,棺木上髹红色的漆,以云气纹作为装饰,马王堆汉墓墓主爵位仅为侯,漆棺纹饰云气缭绕、气势滂沱,更何况帝王棺椁。遗憾的是由于陕西塬地干燥少雨,从已发掘的帝王陵看,留下的多为漆器残迹。从 20 世纪 90 年代开始,西安市及周边的城市建设大规模展开,随之也发掘了数座汉代墓葬,整体而言,陕西境内的汉代木胎漆器出土完好的较为罕见。

表 3－5　陕西境内漆器出土一览表——汉

| 序号 | 出土时间 | 出土地点 | 墓号 | 件数 | 漆器种类 | 状况 | 著录 |
|---|---|---|---|---|---|---|---|
| 1 | 1975 | 咸阳马泉 | 1 | 1 | 漆圆奁 | 残破 | 咸阳市博物馆:《陕西咸阳马泉西汉墓》,《考古》1979 年第 2 期。 |
| | | | | 3 | 漆盒 | 残破 | |
| | | | | 1 | 漆罐 | 完好 | |
| | | | | 3 | 漆耳杯 | | |
| | | | 2 | 1 | 漆盒 | 朽痕 | |
| | | | 3 | 1 | 漆盒铜饰件 | | |
| 2 | 1975 | 西安北郊高庙北村 | | | 漆器残迹 | 已朽 | 杨平:《西安北郊高庙北村出土的一批汉代铜器》,《文博》1986 年第 2 期。 |
| 3 | 1985 | 宝鸡谭家村 | 4 | 3 | 均残朽,器形不详 | 已朽 | 宝鸡市考古队:《宝鸡市谭家村四号汉墓》,《考古》1987 年第 12 期。 |
| | | | | 2 | 漆棺 | 已朽 | |
| 4 | 1985 | 紫阳齐家坡 | | | 漆木箱 1 | | 安康水电站库区考古队:《陕西紫阳白马石汉墓发掘报告》,《考古学报》1995 年第 2 期。 |

---

① 范晔:《后汉书》,中华书局 2007 年版,第 936 页。

| 序号 | 出土时间 | 出土地点 | 墓号 | 件数 | 漆器种类 | 状况 | 著录 |
|---|---|---|---|---|---|---|---|
| 5 | 1988 | 咸阳齐家坡 | 1 | 1 | 漆盒 | 较差 | 咸阳市文物考古研究所《咸阳市织布厂汉墓清理简报》,《考古与文物》1995年第4期。 |
| | | | 3 | 1 | 漆盒 | | |
| | | | 7 | 1 | 残漆盒 | 残破 | |
| 6 | 1990 | 西安庆华厂 | 1 | | 仅余漆器痕迹 | 朽痕 | 李恭:《西安东郊庆华厂汉墓发掘简报》,《考古与文物》1991年第4期。 |
| 7 | 1991 | 甘泉太平梁 | | 16 | 漆器朽痕 | 已朽 | 陕西省考古所:《西延铁路甘泉段汉唐墓清理简报》,《考古与文物》1995年第3期。 |
| 8 | 1991~1992 | 西安龙首村 | | 6 | 漆盒3漆耳杯3 | 已朽 | 张达宏等《西安北郊龙首村军干所汉墓发掘简报》,《考古与文物》1992年第6期。 |
| 9 | 1991~1993 | 陇县店子村 | 181、192 | 2 | 漆木器 | 朽坏 | 陕西省考古研究所宝中铁路考古队:《陕西陇县店子村汉唐墓葬》,《考古与文物》1999年第4期。 |
| 10 | 1992 | 西安范南村 | 1 | | 盘、案等漆器朽痕 | 朽痕 | 程林泉《西汉陈请士墓发掘简报》,《考古与文物》1992年第6期。 |
| | | | | 1 | 漆盒 | 已朽 | |
| 11 | 1998 | 西安南郊三爻村 | | | 漆器银扣饰 | 3件完整其余残缺 | 陕西省考古研究所《西安南郊三爻村汉唐墓清理发掘简报》,《考古与文物》2001年第3期。 |
| 12 | 1988 | 西安东郊国棉五厂 | | | 漆案、漆盘残迹 | 已朽 | 呼林贵、孙铁山、李恭:《西安东郊国棉五厂汉墓发掘简报》,《文博》1991年第4期。 |

第三章

陕西漆器的考古遗存

081

| 序号 | 出土时间 | 出土地点 | 墓号 | 件数 | 漆器种类 | 状况 | 著录 |
|---|---|---|---|---|---|---|---|
| 13 | 1998 | 西安北郊尤家庄 |  | 3 | 漆棺 | 朽坏 | 陕西省考古研究所:《西安北郊汉代积沙墓发掘简报》,《考古与文物》2003年第3期。 |
| 14 | 2000 | 西安北康村 | 5 | 4 | 漆枕1、漆器3 | 较差 | 陕西省考古研究所:《西安北郊北康村汉墓清理简报》,《考古与文物》2003年第4期。 |
| 15 | 2004 | 靖边天赐湾乡张家坬 | 3 | 29 | 漆囷①10、漆陶盒1、漆陶壶2、漆陶钟1、漆陶仓1、漆陶钫1、漆陶熏炉1、漆陶盆1、漆陶奁1、漆陶罐2、漆陶鼎2、漆陶扁壶1、漆陶盘2、漆陶灯1、漆陶灶1、踞坐俑1。 | 较好(所有陶器通体髹一层黑灰漆,漆上用红、白、蓝、绿、粉等颜色彩绘。) | 陕西省考古研究所,榆林市文物考古研究所:《陕西靖边县张家坬西汉墓》,《考古与文物》2006年第4期。 |
| 16 | 2005 | 扶风法门镇 |  | 1 | 漆案 |  | 陕西省考古研究院:《陕西扶风纸白西汉墓发掘简报》,《文物》2010年第10期。 |

  汉漆器的制胎工艺,在继承秦代漆器的制作工艺基础上,又有所发展。例如胎骨制作有木胎的斫制、挖制、雕刻和棬制等;有竹

---

  ① 囷,古代的一种圆形谷仓或地窖。张家坬出土的陶囷,大小类同。通体髹黑色漆,上有彩绘图案。严格意义讲,张家坬出土的漆陶器,应属于陶器。

陕西漆文化概览

胎的锯制和编织等。木胎制成后的髹漆、描绘花纹等工序,以及漆器上的烙印、针刻文字与符号等,基本上与秦代的漆器制作工艺相同。流行于战国和秦代的雕制木胎漆器,至西汉时期已极少见,凡是圆形或圆筒状的漆器,一般采用镟制的新工艺,这一技术的广泛使用,大大提高了生产效率,从而使漆器胎体更加规整美观,产量也随之提高;汉初釦器的数量都较前代增多,汉武帝初期出现了将雕刻纹样的银片镶嵌于漆器的流行趋势;在漆器上装饰纹样的制作上,出现了针刻纹(锥画)、填充金粉的戗金技法和暗纹的新工艺。细如发丝、变幻无穷、富有张力的线条成为汉代漆器纹饰的重要特征。

　　陕西境内出土的汉代漆器虽然在数量上不少,但由于地理环境的因素,绝大多数漆器都朽坏了。从众多的发掘报告看,唯有咸阳马泉西汉墓出土的漆器比较好,漆器的形制、纹饰与同时代的其他地区出土的漆器颇为相似。以柿蒂纹作为漆器盖、钮的中心纹饰,在汉代很流行,马泉墓中的90号漆盒和91号漆罐盖钮周边都是以金箔四叶柿蒂纹做装饰,漆盒的柿蒂纹周边还贴有金鸟、兽。这两件漆器器身都三、四道银釦,在银釦之间绘有纹饰。出土的大漆奁内放有三个小漆盒,全部漆器为麻布胎。大漆奁虽然已破损,但纹饰的华美依然可见,漆奁外壁上有朱绘云纹,贴金凤纹,用当时极为流行的长卷式表现形式,描绘了一幅狩猎场景,山中有猛虎、麋鹿,还有飞禽、凤鸟,令人称奇的是猎手站在坐骑上,像是高难度的杂技,这在同时期的漆器纹饰上比较罕见。还有一个驾车狩猎的场面,驭手专注地紧抓缰绳,猎手持弩射杀猎物,有华盖的马车,显示猎手是位贵族。虽然寥寥几件漆器,却也能集中地将汉代漆器的工艺特点展现出来。靖边张家坬出土的29件漆陶器,制作精美,这在汉墓发掘中较为罕见。尤其是成批的10件漆陶囷,保存完好,令人关注,口径在4~5.6厘米之间,底径在9.3~11.4厘米之间,高在16.2~17.5厘米之间。根据口沿大小和腹壁形状的不同,囷分三种形式,通体髹黑漆,彩绘鲜艳,发掘报告称:"色彩有红、白、蓝、绿。白彩纹样和长沙马王堆 1 号汉墓'长寿'绣、'万事如意'锦及新疆楼兰出土的'延年益寿'汉代织锦茱萸云纹样十分接近,这种纹样在汉代流行的地域极为广阔,虽然这些标本出土在相隔遥远的不同地区,具有不同的风格,但其基本的纹样却是一致的,表现出极大的共性。汉代人以为这种植物(茱萸)能辟邪,因而在工艺装饰上颇为流行。把刺绣纹饰用于彩绘陶器中,在国内还未见报道。"[1]这批漆陶器虽为明器,但制作精良,从纹饰技法上看,髹漆技术娴熟,调漆技术高端,可以推测陕北地区在西汉时期的漆艺水平相当高。

图 3-7 靖边张家坬出土的漆陶盒、漆陶囷、漆陶灶[2]

陕西汉代漆文化特点有以下三点:

第一,楚风荡漾。

汉代的主流意识表现出风格迥异的态势。在政治上汉承秦

---

① 陕西省考古研究所、榆林市文物考古研究所:《陕西靖边张家坬西汉墓发掘报告》,《考古与文物》2006 年第 4 期。

② 图片来源:《考古与文物》2006 年第 4 期,封面、封二、封三。

制,文化艺术及生活领域却是楚风荡漾。《后汉书·舆服制》载:"初,高祖微时,以竹皮为之,谓之刘氏冠,楚冠制也。"[1]冠,是中国古代男子身份地位的象征,高祖刘邦已定天下尚顶楚冠,可见楚风影响之大!"汉文化就是楚文化,楚汉不可分。"[2]刘邦及其将领大多来自于楚地,西汉的皇家贵族长期以楚文化为主导,在中国历史上开创出充满活力、恣意汪洋的楚汉之风。汉代漆器纹饰明显继承楚文化的一些重要元素。楚地流传下来的神话故事、巫术文化,在汉代漆器上得到了充分的反映。在楚文化的基础上,汉漆器纹饰上的线条更加自由流畅,纤细且富于张力,色彩更加醇厚且富于变幻,从而形成了诡谲神秘,飞扬灵动的独特风格。最能体现这一风格的就是光怪陆离的动物纹和变幻莫测的云气纹。

汉代漆器的动物纹样非常丰富,主要有虎、豹、鹿、马、犀牛、熊、狸、獐、猫、兔、飞豹、龙、云龙、云兽、怪兽、龟、鱼、飞凤、鹤、鸟、变形凤、变形鸟和鸟头纹等。动物纹中又以象征祥瑞的动物纹样为多,如:龟、鹤、鹿、龙、凤等。这些纹样,线条钩勒交错,连续萦回,变化多姿,绝大多数是以多种色彩在平面上描绘在漆圆盒、圆奁、椭圆奁、樽、卮等的盖面、盖里和内底,扁壶的正、背面,以及耳杯、盂、盘、匜的内底部,也有极少数是作为被雕成动物形象漆器上的饰纹出现的。如咸阳织布厂汉墓出土漆器饰件——铺首共二式6件,衔环造型考究,铺首对刻鎏金羊和麒麟纹饰[3](见图3-8)。木胎漆器虽已成渣,但从鎏金的饰件上可以推测不是件普普通通的漆器。铺首,是汉画像砖上常见的装饰性图案,一般装饰在门扉上。汉代寺庙多装饰铺首,以作驱妖避邪。铺首材料为金属,形状

① 范晔:《后汉书》,中华书局 1999 年版,第 2504 页。
② 李泽厚:《美的历程》,天津社会科学出版社 2001 年版,第 114 页。
③ 孙德润,贺雅宜:《咸阳织布厂汉墓清理简报》,《考古与文物》1995 第 4 期。

多样,有衔环或不衔环的,均为竖耳鼓目大鼻,牙齿外露,面目狰狞。铺首是能够镇凶辟邪的凶兽,是古人为驱妖辟邪想象中的怪物。漆器上的铺首,以凶兽衔环作为器盖的提手。柿蒂纹铺首的造型美观,对羊、对麒麟昂扬向上、充满活力的形象,不禁使人联想到汉瓦当上的四神。柿蒂纹也称作又称四瓣花纹、四叶纹,是一种很古老的植物纹饰,在余姚河姆渡的陶器上就有出现。蒂纹包含极为丰富的信息,郭沫若曾断言"帝字就是蒂的初文"①。蒂既含有生殖崇拜的含义,所谓"瓜熟蒂落",又含有四时、四季、四方、四面等意。因此"十"字纹"几乎被古代一切民族所尊崇"②。其构图的稳定性、放射性及衍生性,从古至今一直被广泛的使用在各种器物的装饰中。前文提及的马泉汉墓中的漆盒(90号)漆罐(91号)盖子中央都是以金箔四叶柿蒂纹做装饰,漆盒的柿蒂纹周边还贴有金鸟、兽。显然,马泉汉墓墓主的地位要高于咸阳织布厂汉墓墓主的地位。

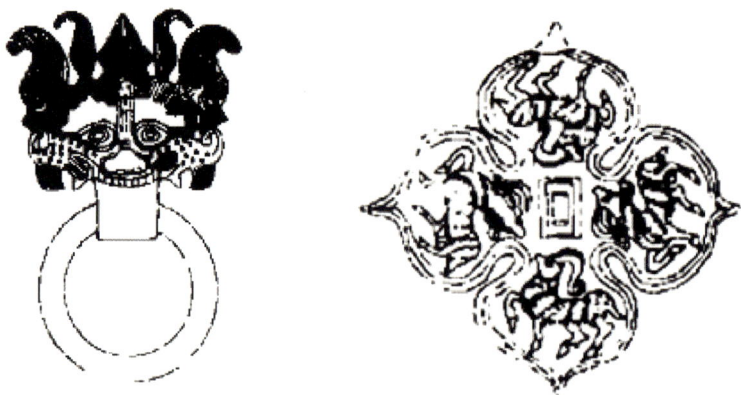

图 3-8　咸阳织布厂出土的漆器饰件 铺首 衔环

---

① 郭沫若:《中国古代社会研究》,河北教育出版社 2004 年版,第 254 页。

② 张晓霞:《天赐荣华——中国古代植物装饰纹样发展史》,上海文化出版社 2010 年版,第 44 页。

云气纹是汉代装饰纹样的代表。也有将卷云纹、流云纹归为云气纹的。这种纹样是由古代蟠螭纹或鸟纹发展演变而来，因此在云纹中常出现变形的兽头和鸟头的形象。云气纹用流畅的圆涡形线条组成图案，一般作为神人、神兽、四神等图像的地纹，也有单独出现的。云纹寓意高升，云头纹与如意相似，后世多以如意云纹的样式出现。器物上施以连续纹样具有极强的装饰效果，商周青铜器上流行的云雷纹[①]，春秋战国时为卷云纹所代替，这些都成为汉代云气纹的先导。汉代推崇道教和巫术，人们祈求长生不老或死后羽化登仙，象征"天堂"和"仙山"的云纹和山纹在漆器中被大量运用。人物、动物或神灵怪兽，在变幻多姿的云纹衬托下构成了颇具浪漫色彩的艺术样式，在中国古代艺术史上留下了精彩一笔。从咸阳织布厂汉墓简报看，未见完整的漆器，但从出土的93件陶器来看，其带状装饰纹样与同时代的漆器纹饰类同，尤其是釉陶奁、釉陶壶上的纹饰，充满了灵动之气，奔跑的龙、虎、狐、羊和怪兽等迂回在云气之中，可以推测这些流行题材也出现在此墓中的陪葬漆器上。

第二，髹漆与金工完美结合。

漆器与金工结合，即在木胎髹漆后再安装铜、银箍及铜环形耳、铺首衔环和蹄足等构件。从考古资料上看，商周时期已经出现了在漆器上使用金属的现象。经过千余年的发展，到西汉中期，金银箔贴花漆艺高度繁荣起来，金银箔贴花漆器大量流行。古代文献中不乏金银箔贴花漆器的记载，最早的记载见《后汉书·舆服志》，在记载汉代皇帝所乘的马车上有这样的描述："乘舆、金根、安

---

① 雷纹也有勾连雷纹、云雷纹、三角形雷纹等。古人认为云和雷是有区别的，《说文》：云"山川气也，从雨云，象回转形也。"雷"阴阳薄动，雷雨生物者也。"云为云气之形，雷为回转之声，都作回旋状。这类纹样多与其他纹样组合图案，起辅助作用，少数做主要纹样。

车、立车，轮皆班重牙，贰毂两辖，金薄缪龙，为舆倚较。"①汉代称车箱为"较"，两龙相交为"缪"。意为汉代帝王髹漆的车子上贴着用黄金箔片制成的交龙图案。

《髹饰录》多处论金属在漆器制作中的使用方法。如在《乾》集中对金、银的使用严格界定："日辉，即金。有泥、屑、麸、薄、片、线之等。人君有和，魑魅无犯。""月照，即银。有泥、屑、麸、薄、片、线之等。宝臣惟佐，如烛精光。"②泥金、银，即以研的极细的金银粉敷在漆器表面之上，或与漆、漆灰调和；屑金、银，即将金、银箔放在筒箩中，弄碎后粘在器表上；麸金、银也是碎金、银箔片，麸比屑的面积要大一点；薄通箔，用木槌将金、银捶打成极薄的箔，或镂刻花纹装饰漆器；片是比麸面积再大一点的金属片；线即在漆器表面粘着的金、银线。金为君，银为臣，主次分明。《坤》集里，对在漆艺中使用金银的技法有了更为细致的分类，共计9类30种。如：质色类之金髹；罩明类之罩金髹、洒金；描饰类之描金、描金罩髹；填嵌类之嵌金、嵌银、嵌金银；阳识类之识文描金；鎗划类之鎗金、鎗银；斒斓③类之描金加彩漆、描金加甸、描金加甸错彩漆、描金散金沙、描金错洒金加甸、金理钩描漆、金理钩描漆加甸、金理钩描油、金双钩螺钿、填漆加甸金银片、螺钿加金银片、鎗金细钩描漆、鎗金细钩填漆、彩油错泥金加甸金银片；复饰类之洒金地诸饰、锦纹鎗金地诸饰；纹间类之鎗金间犀皮、填蚌间戗金、嵌金间螺钿等等。如此详细的罗列，表明髹漆与金工的结合在明代已非常成熟，强调技术的细微区别，表现出漆艺分类的细致化、系统化。然而这一切的漆艺技法在汉代早已端倪毕现。

---

① 范晔：《后汉书》，中华书局1999年版，第2489页。
② 王世襄：《髹饰录解说》，文物出版社1983年版，第26、27页。
③ 斒斓，斑斓也。金银五彩之意。

金银箔贴花是将极薄的金银箔片刻好纹样后，再利用漆的粘附性将金银花样箔片贴到或捶打到漆器上，金银箔边缘用漆线勾勒，也有在其上用彩漆描绘细节。由于技术的限制，考古遗存资料显示，早期的金银箔片就是金银薄片，薄片要稍厚于箔片。咸阳马泉西汉墓的漆奁，从残痕上看"上面有朱绘云纹，贴金凤纹，各种兽纹、云纹、车、马、杂技、狩猎纹饰等。三个小漆盒，……盖上有贴金箔的痕迹……四周有贴金鸟、兽等痕迹。"①这种漆髹工艺形成了富贵华丽的装饰风格，而且还具有防潮、防蛀、耐用、美观的功效。

釦器是汉代漆器工艺造型和装饰的一个重要方法。金银铜釦器技法在周代已有，但汉代的技法更加娴熟，种类也更加多样，有金釦、银釦、铜釦、鎏金铜釦等，在应用上也更加普遍。在西安张家堡新莽墓发掘出漆木器环形和月牙形铜构件各 10 件，"出土的 10 件环形构件，应为 5 件漆木器口沿和底边的铜扣，由环形构件形状来看，其中 4 件漆木器呈圆筒形，可能为漆奁，余 1 件横断面近方形，四壁略向外弧，可能是漆方盒。出土的 10 件月牙形构件，……最有可能是和南耳室内的 5 件漆奋或漆盒相配。"②金属釦的使用，不仅增加了漆器的强度，延长了使用寿命，而且为漆器增添了奢华高贵的气质。深沉的漆色与釦边的金属质感交相辉映，使其在实用的层次上更凭添了艺术价值。

第三，布局上"质动紧味"。

田自秉先生将汉代的装饰风格归纳为"质动紧味"③，汉代的漆器装饰完美的诠释了这四个字！咸阳马泉墓的大漆奁，画面古拙、质朴，云气变化多端，满而不乱、多而不散，极具装饰味。在有限的

① 咸阳市博物馆：《陕西咸阳马泉西汉墓》，《考古》1979 年第 2 期。
② 西安市文物保护考古所：《西安张家堡新莽墓发掘简报》，《文物》2009 年第 5 期。
③ 田自秉：《中国工艺美术史》，东方出版中心 1985 年版，第 163 页。

平面上刻画出细密的纹饰,漆艺之"锥画"工艺由此诞生。锥画也称作鐮划,"细钩纤皴,运刀要流畅而忌结节。物象细钩之间,一一划刷丝为妙"[1],即在黑红漆地上,用针或刀尖刺刻出极细的线缝,其内填充金银粉,可产生类似铜器上金银错的花纹效果。千纹万华,美不胜收!

## 四、唐朝

　　唐朝(618年~907年)以长安(今陕西西安)为都。这是中国历史上最为辉煌的王朝,也是陕西这块厚土最为辉煌的时期。此地连续上演的"贞观之治""开元盛世",为中国历史留下了浓墨重彩,为长安历史留下了华美篇章。

　　高度的文明,成就了大唐物质文化繁荣,千芳竞秀,风华绝代。王朝的都市,骚客文人汇聚于此,四海宾客往来其中。名工巧匠荟萃,官府作坊云集,技艺精湛、巧夺天工的手工作品富丽而堂皇。在漆器工艺史上,这个朝代显现出了卓越的创造力和非凡的表现力:最具唐代工艺的金银平脱,让漆器华贵雍容、妍丽璀璨;螺钿工艺,将贝的晶莹剔透与漆的凝重深沉完美结合,使漆器熠熠生辉;"素髹"唐琴,肌理深髓,古朴醇厚;夹纻佛像,气势恢宏,大气滂沱。漆器艺术上所表现出的大唐气象,不仅对后世产生了广远的影响,对周边国家也具有重要的作用。

---

　　① 　王世襄:《髹饰录解说》,文物出版社1983年版,第136页。

从文献资料上看,漆器在唐贵族生活中仍占有重要的地位。新旧唐书对生漆产地、漆器生产情况都有记载。如:"襄州贡漆器,蒲州贡漆匣","漆液,襄、兴婺州贡之,台州贡者,曰金漆,金州贡干漆,入药用"。兴州在今陕西、甘肃交界处;金州①就是现在的安康地区。朝鲜文学家崔致远在其《唐文拾遗·进漆器状》提到:"乾符六年供进漆器一万五千九百三十五事。"唐僖宗乾符六年(公元 879 年),黄巢已兵围广州,次年底兵进长安,于含元殿称帝。这是多么混乱的年月啊!皇室对漆器的需求丝毫不减。

唐代的官办漆器生产归少府监。作为中央官署的少府监统辖中尚、左尚、右尚、染织、掌冶五署,负责制造帝王后妃、皇亲国戚、内外臣工的舆服器用等,产品涉及除陶瓷外的所有传统手工门类。漆器制作属中尚署管理。

唐代的官府工匠大体有三类,即短番匠、长上匠和明资匠。②后两者属能工巧匠,或技艺精湛,或身怀绝技。他们常年服务于官府,制造出品质优良、技艺高超的产品。唐代的户籍制中,匠籍单列,工匠身份是良民,但不入伍从军,能工巧匠不准转业,匠籍世袭。

官府手工作坊生产的产品制造规整严格。这些产品往往是国家制度的物质体现,必须合乎礼仪、符合制度。钦定的设计思想和设计纹样等要严格执行,对工匠的要求就很高。少府监开办工匠训练班,其中规定漆工训练期为一年。

"漆背镜"是唐镜中的翘楚,既有金银平脱,也有螺钿平脱。日留学僧圆仁在其《入唐求法巡礼行记》中记载:"每年敕使别敕送香花宝盖。真珠幡盖。佩玉宝珠。七宝宝冠。金镂香炉。大小明

---

① 据 1999 年《辞海》释:"金州,西魏废帝三年(554)改东梁州置,治西城(后一度改名吉安、金州、今安康市)。……明万历十一年(1583)改名兴安州。"今陕南安康地区自南北朝至明朝千余年一直被称作"金州"。

② 尚刚:《隋唐五代工艺美术史》,人民美术出版社 2005 年版,第 10 页。

镜。花毯白氎①、珍假花菓等，积渐已多。……宝装之镜。大小不知其数矣。"②宝装镜即属螺钿铜镜。它以青铜镜为胎，将生漆糅涂于镜背，把贝、蚌壳剪裁成薄片，剔刻出人物、动植物、神仙等纹样，即可用生漆粘合在镜背上，亦可采用漆艺中的平脱技法，经反复打磨抛光而成。从工艺上看，平脱法格外考究，纹饰繁缛富丽、线条流畅、刻划细致。唐代尚无"螺钿"一词，这一词汇最早出现于宋。在唐朝文献中，螺钿铜镜一般分为作钿镜、宝钿镜、宝装镜等。"在隋唐五代，纯嵌蚌片的应是螺钿，既嵌蚌片、又加嵌玉石之类的当为宝装，纯嵌玉石之类的或即宝钿；螺钿、宝装的图案与装饰面平齐，宝钿的图案高于装饰面。"③钿，在唐代是流行的时尚工艺，可用于铜镜首饰、乐器宝函、宝刀辇舆等精致物品的装饰。

在唐诗中，对钿描述不胜枚举：白居易《琵琶行》有"五陵年少争缠头，一曲红绡不知数。钿头云篦击节碎，血色罗裙翻酒污。"《长恨歌》："花钿委地无人收，翠翘金雀玉搔头。""唯将旧物表深情，钿合金钗寄将去。钗留一股合一扇，钗擘黄金合分钿。但教心似金钿坚，天上人间会相见。"《霓裳羽衣歌 和微之》"虹裳霞帔步摇冠，钿璎累累佩珊珊。"温庭筠《菩萨蛮·牡丹花谢莺声歇》"翠钿金靥脸，寂寞香闺掩。"《菩萨蛮·宝函钿雀金鹦鹏》"宝函钿雀金鹦鹏，沉香阁上吴山碧。"《女冠子》："霞帔云发，钿镜仙容似雪。画愁眉，遮语回轻扇，含羞下绣帏 。"李贺《恼公》："钿镜飞孤鹊，江图画水滨。陂陀梳碧凤，腰袅带金虫。"《春怀引》"宝枕垂云选春梦，钿合碧寒龙脑冻。"元稹《痁卧闻幕中诸公征乐会饮，因有戏呈三十韵》："钿车迎妓乐，银翰屈朋侪。白纻顰歌黛，同蹄坠舞钗。"张夫

---

① 氎 dié，细毛布、细棉布。

② 【日】圆仁：《入唐求法巡礼行记》，广西师范大学出版社2007年版，第94页。

③ 尚刚：《唐代的特种工艺镜》，《南方文物》2008年第1期。本文对这些技法不做详细的区分，在对漆背镜的描述中，统称为螺钿漆背镜。

人《拾得韦氏花钿以诗寄赠》："今朝妆阁前,拾得旧花钿。粉污痕犹在,尘侵色尚鲜。"可见,螺钿工艺广受富贵美媛喜爱,装饰范围很广。

金银平脱四鸾衔绶带纹镜(图 3-9)是西安地区出土的唐镜中最精致、最完美的一面。此镜圆形,直径 22.7 厘米,厚 0.9 厘米,镜背主纹为四鸾衔绶逆时针飞行,昂首展翅,优雅起舞,四羽鸾鸟间饰银花枝,其外有连环纹一周。金光银灰的饰片在黑色素胎的映衬下显得华丽夺目。此镜是以黑漆堆背,雕好的金银纹饰平脱嵌于其中后再磨光,是盛唐时期金银平脱工艺镜的典型作品。鸾为瑞鸟,在唐代深受人们喜爱,可喻才子与佳人。唐陕西华阴女诗人杨荣华 13 岁就有"凤钗金作缕,鸾镜玉为台"之佳句。绶带,是古代用以系佩玉、官印以及收扎帷幕的丝带。唐代时,绶带作为装饰纹样使用很广,绶与寿同音,长绶即长寿。唐玄宗有诗曰:"更衔长绶带,留意感人深。"此镜不仅纹饰极其华美,而且寓意美满,才子佳人、长寿吉祥。

图 3-9  金银平脱四鸾衔绶带纹镜

(陕西省博物馆藏)

藏于正仓院的金银平脱花鸟纹葵花镜（图3-10），直径28.5厘米，圆钮，周围饰宝相花，其外为缠绕的十个花枝，有四组禽鸟环绕花叶飞翔，每组有大小不同的六支飞鸟，八葵瓣各有一支，衔花变鸟和一株花枝，一派花鸟世界的荣华。

图3-10　金银平脱花鸟纹葵花镜
（日本正仓院藏）

唐王朝与周边国家的交流十分频繁。盛唐时期皇室对外赐封以金器为多，后期漆器的数量上升。日本奈良时代，出于对中华文明的强烈仰慕，日本派遣唐使多达十余次，全方位学习中华文化。天皇对遣唐使还布置了另外一个重要的任务，就是到中国的首都长安，广泛搜集购买工艺精湛的物质精品。奈良东大寺正仓院收藏的大量的精美漆器，有的是皇室赏赐的，也有的是遣唐使购进的。世人在今日能够目睹唐漆器真品，真应该感谢这些冒着生命危险往来于中日两国的先人们。著名的唐高僧鉴真和尚六次东渡日本，讲授佛教经典，传播中华文化，深得日本人民的敬爱。鉴真死后，其弟子为他制作了坐像，此像高80厘米，彩漆髹涂，与真人等高，是夹纻造像漆工艺东传日本的杰作，被日本奉为国宝，供奉在

陕西漆文化概览

鉴真设计建造的奈良唐招提寺内。日本奈良时代文学家真人元开在其撰写的《唐大和上东征传》（又名《鉴真和尚东征传》、《鉴真和尚传》等）中记载，天宝二年（743 年）鉴真和尚自扬州第二次东渡日本，就携带"螺钿经函五十口"①。奈良的正仓院，至今藏有多件漆器珍品，其中"多数可视为中国唐朝制作的"，它们"雄辩地证明奈良时代受中国漆工艺的影响最为清晰明确"②。在 20 多件螺钿漆器中，有唐代螺钿紫檀琵琶、螺钿紫檀五弦琵琶和螺钿紫檀阮咸，还有平螺钿背圆镜、八角镜等。使今人可以管窥大唐盛世手工艺的精巧妍丽、丰满奢华。图 3-11、图 3-12 这两件乐器，相传是唐玄宗、杨贵妃赠与日本圣武天皇的礼物，工艺精良、装饰精美、极度华丽，将唐代的螺钿镶嵌技巧发挥到极致，经过 1300 年的岁月，依然熠

图 3-11　螺钿紫檀五弦琵琶

（日本正仓院藏）

① 【日】真人元开著，汪向荣校注《唐人和上东征传》，中华书局 1979 年版，第 47 页。
② 【日】高桥隆博《唐代与日本正仓院的螺钿》，《学术研究》2002 年，第 10 期。

图 3-12　螺钿紫檀阮咸

（日本正仓院藏）

熠生辉。当今世界上现存的能佐证大唐盛世繁华的文物，它们必在其中。很明显，这样的极品民间作坊难以制作，从其考究的原料到典雅的设计，只有宫廷匠人方可造就，从中可以推测唐都长安的手工业制造水平之高！

　　此阶段，中国的夹纻造像、螺钿镶嵌、金银平脱、描金、鬏金、末金镂、密陀绘等"高端"髹饰技术传入日本，全面提升了日本的漆文化水平。至今，日本漆工艺的许多统技法和主要称谓依然沿袭古代中国。

　　位于半岛的新罗国，螺钿漆器的主要原料——海贝资源极为丰富，金银平脱、螺钿技术的传入，对于朝鲜半岛漆艺的发展影响至关重大，新罗及之后的高丽时期，以螺钿镶嵌技术为主导的漆艺，逐渐炉火纯青，纹饰多为盛唐流行的宝相花，花瓣镂空，内镶红色琥珀。高丽之后，半岛的螺钿技术反超中国，成为其漆文化的代表。

表 3 - 6　陕西境内漆器出土一览表——唐

| 序号 | 出土时间 | 出土地点 | 件数 | 漆器种类 | 状况 | 著录 |
|---|---|---|---|---|---|---|
| 1 | 1956 | 西安市长乐坡 | | 金银平脱镂金丝鸾衔绶带纹漆背镜 | 完好 | 珠葆:《唐鸾鸟绶带纹金银平脱铜镜》,《考古与文物》1981 年第 3 期。 |
| 2 | 1970 | 西安南郊何家村 | 2 | 漆花银盒 | 发掘报告只在图上标示 | 陕西省博物馆,文管会革委会写作小组:《西安南郊何家村发现唐代窖藏文物》,《文物》1972 年第 1 期。 |
| 3 | 1987~1988 | 扶风法门寺地宫 | 4 | 漆盒 2 | 已朽 | 陕西省法门寺考古队:《扶风法门寺塔唐代地宫发掘简报》,《文物》1988 年第 10 期。 |
| | | | | 漆平脱团花碗 2 | 完好 | |
| 4 | 1998 | 西安市 | 1 | 夹纻大铁佛 | 佛面部嘴唇、胸前均有涂漆 | 王长启,高曼:《唐代夹纻大铁佛》,《考古与文物》2002 年汉唐考古增刊。 |
| 5 | 20 世纪50 年代 | 西安高楼村 | | 平脱漆盒遗迹 | 木胎已朽 | 杭德州:《西安高楼村唐代墓清理简报》,《文物》1955 年第 7 期。 |
| 6 | 2005 | 西安市郭杜(征集) | 2 | 银平脱蚌盒 | 一只完好,另一只有半个 | 师小群,王蔚华:《西安南郊新出土的唐代银平脱蚌盒》,《文博》2006 年第 5 期。 |

研究唐代漆器,不得不提的是 1987 年法门寺地宫出土两件黄釉漆金银平脱秘色瓷碗。碗出土时,外用丝绸包装,内用书画衬纸包裹,放在双层木漆盒之中。将秘色瓷与漆艺完美结合,不论在瓷器的历史上还是漆器的历史上都具有重要的地位。因此,两只碗一经面世,便引起各方的高度关注。碗的出土填补了平脱漆工艺中以瓷作胎骨的空白(见图 3-13)。这两只碗口沿为芒口,芒口和底圈足上装饰有扣式银棱,是法门寺《衣物帐》(全称是《监送真身使随真身供养道具及恩赐金银衣物帐》)碑记载的银棱碗。两碗内壁施青黄釉,外壁素烧,黑漆,用金银平脱五朵莺鸟团花纹。史料上曾记有金银平脱瓷和金银棱瓷,没有两者同用在一物之上的先例。法门寺秘色瓷碗将金银棱和漆平脱工艺融于一体,是工艺上的一次大胆创新和突破。在碗背面饰以团花纹,这在前代尚未发现。花纹的主题是两只相对而飞的莺,对鸟呈展翅状用金平脱;莺

图 3-13　金银平脱漆碗　唐

(陕西省扶风法门寺博物馆藏)

四周布满的花朵和蔓草,用银平脱。与当时丝织物上的团窠纹相比,在边缘上没有采用光滑的圆弧,蔓草在边缘形成的波状弧线,使整个图案规范而不失活泼。由于所用金银饰片面积较大,用料较厚,镂刻纹理清晰,整个器皿精致眩目、雍容大度。

法门寺地宫还出土了一件漆宝函。出土时,最外层(第八重)是银棱盝顶黑漆檀香木宝函用红锦包裹,上以减地浮雕描金加彩的手法雕刻释迦牟尼说法图、阿弥陀佛极乐世界和礼佛图,很可惜宝函出土时已残,我们无法目睹这件漆器上精美的纹饰。但从保存下来的七重宝函上纹饰来揣测,黑漆檀香木宝函的纹饰在技法上都会是当时顶级的。

综上,我们可以将唐代陕西漆文化特点做以下归纳:

第一,金银平脱、螺钿平脱,匠心独运技艺高妙。

唐代以前,中国金银器工艺落后于中亚、西亚地区,唐王朝建立后,随着波斯金银工艺的传入,唐朝工匠很快就掌握了金银器制作的捶揲、錾刻、掐丝、焊接等外来技术。金银平脱就是在这样的一个时代开始大放异彩了。金银平脱是唐代漆艺的代表。其做法是把厚度在0.25到0.5毫米的金银薄片雕刻出鸟兽花草等纹样,平贴于素胎或素色漆器上,在贴好图形的漆器上反复髹漆,直至漆层盖住金银花片。漆膜干到一定程度,反复进行打磨,直至金银图案完全显露。由于金银片与漆面平齐,又自漆面中脱露出来,因此叫做"金银平脱"。这种工艺做工精细,费工费料,做成的器物也因此极为美观华贵。《髹饰录》曰:"嵌金、嵌银、嵌金银。右三种,片、屑、线各可用。有纯施者,有杂嵌者,皆宜磨显揩光。"[1]贴与嵌是漆艺中使用金属的常用技法。贴,是利用生漆的黏附性,将镂刻花成型的金银片粘在器表之上。也可以将金银花片,贴于漆器表面,上

① 王世襄:《髹饰录解说》,文物出版社1983年版,第106页。

若干道漆,使漆地与金属花片齐平,然后将花片磨显出来,即金银平脱。嵌,是在漆器表面按照花片形状刻上凹槽,将花片嵌进,然后罩漆磨显出花纹。直接将金银花样贴、嵌在漆器上的工艺,汉代已经非常成熟,而金银平脱则是唐代的新工艺。这一工艺较之前者,更加复杂,金银花片更加牢固,器表也更加光滑。唐代的平脱非常完美地表现细部特征,纹饰的线条本来就非常纤细了,但是在其上还刻划更细的线条,用以表现兽毛、羽毛等,这种工艺在日本称作"毛雕",词汇更为形象地将这一技艺的精髓表达出来。陕西省博物馆收集合金银平脱天马鸳凤纹镜中天马的鬃毛,毛发毕现,丝丝缕缕清晰可辨。这一技术还擅长表现花卉纹饰的花蕊和叶脉,细致入微,精妙绝伦。金银平脱,贵在技艺,是唐代工艺的代表。

螺钿是漆艺的独有门类。其雏形在西安普渡村和张家坡周墓中已有发现。螺钿有厚薄之分。其厚度,厚者为0.5~2毫米,薄者为0.5毫米以下;其原料,厚者以河蚌壳为主,薄者以珍珠贝、夜光螺等优质贝壳为多。商周至唐五代的螺钿漆器多用厚螺钿,宋以后螺钿渐薄,《髹饰录》螺钿条,杨明注曰"壳片古者厚,而今者薄也。点、抹、钩、条,总五十有五等,无所不足也。"[1]螺钿平脱是唐代出现的一种新工艺。其制作步骤与金银平脱同,只是用作花纹的原料换做了螺钿。1955年,西安郭家滩419号墓出土的螺钿人物鸟兽花草纹漆背镜,是螺钿平脱漆器初创时的作品,为现存最早的螺钿镜。图3-9至3-13所展示的螺钿、平脱漆器都是唐漆器的传世之作。从中可以体会到唐王朝经济的昌盛、文化的发达。

第二,装饰华美,纹饰妍丽。

唐代是中国纹样历史的一个转折点。在这个时代,汉族文化与北方游牧族文化交融,中华文化与波斯文化碰撞,人的主体意识

---

[1]  王世襄:《髹饰录解说》,文物出版社1983年版,第101页。

上升。"在此之前,人们受制约于宗教观念,处于自在阶段;唐代的发展,使人们逐渐认识其主体地位,开始进入到自为阶段。而从装饰看,也由长期以动物神兽为主题的装饰内容,进入到以花鸟为主题的图案题材。"[①]在唐代漆器上,花鸟纹有时作为主体纹样,但经常与人物组合在一起,形成花鸟人物纹,或以团窠纹的形式出现。团窠纹是唐代流行的一种装饰纹样,它以一种或几种花鸟,采用对称或平衡形式,组合成近似圆形的单独纹样。其主题可以是祥瑞的动物,如"团龙""团凤""团鹤"等,也可以是有吉祥含义的花果,如牡丹、石榴、葡萄等。后世将这种纹样又称团纹、团花纹。团窠纹在唐代是地位、身份的象征,百姓不得使用。法门寺有两只献给佛陀的碗,用金银平脱团窠纹装饰秘色瓷,碗之地位高贵,不言而喻。

　　2005年,陕西历史博物馆征集到一只半郭杜出土的蛤形银平脱蚌盒。以天然的蛤蚌为胎,小一点的是一只完整的蛤蚌,长4厘米,宽3.4厘米,厚2.3厘米。外表饰银平脱折枝花叶,花叶采用侧视表现技法,叶片、花瓣上錾刻叶脉、花瓣,花叶肥大,枝蔓婉转,布局略显疏朗。大一点的只剩下半只,长5.6厘米,宽4.6厘米,厚1.5厘米。外表饰银平脱折枝团花,花朵有的盛开,有的含苞待放,枝叶繁茂,布局繁密。叶片和花朵采用银片雕刻而成,錾刻技法表现叶脉、花瓣、花蕊。两件器物以白色的银片为花样,黑漆为地,对比鲜明,花团锦簇,富丽典雅。利用天然蚌蛤当盒子使用,在西安的汉墓中就曾有发现。唐代也有用天然蚌蛤当粉盒使用的实例。这两只蚌盒构思巧妙,做工精美,纹饰妍丽,堪称精品。

　　花卉纹是唐代的主流纹样,以多种样式表现出来。最典型的有宝相花纹、团花纹、唐草纹、簇花纹等等。这些纹样在唐漆器上

---

① 田自秉,吴淑生,田青:《中国纹样史》,高等教育出版社2003年版,第220页。

多有表现,有些作为独立纹样,有些与其他纹样结合,使用在唐琴、唐镜上,形成花团锦簇的妍丽风格。

第三,国内史料丰富、实物不丰。

唐代是我国物质文化发展的一个高峰。物质生活用品的数量和质量较前代有大幅提高,在皇室的馈赠品种中,昂贵的金银平脱漆器的必不可少的。据《酉阳杂俎》记载:唐玄宗、杨贵妃赐予安禄山数十件漆器,有金平脱犀头匙箸、金银平脱隔馄饨盘、平脱着足叠子①、银平脱破觚、八角花鸟屏风、银平脱掏魁织锦筐、银平脱食台盘、金平脱装具②玉盒、金平脱铁面碗等③。唐代奢靡之风盛行,昂贵的金、银平脱漆器在史料典籍中多有出现,现代考古资料中,完整的木、藤胎平脱漆器较为罕见,但瓷胎及铜镜中,今人依然能够从平脱漆器上体验唐之奢华。

唐代,佛教盛行,信众常抬佛像行走,体轻的夹纻佛像极为流行。据《资治通鉴》记载,唐高宗就曾经一次送长安大慈恩寺两百多尊夹纻佛像。《唐书·武后本纪》记载:"垂拱四年,作明堂,命怀义作夹纻大像。其小指中犹容数十人。"④此超大佛像若如记载所言,真是旷世的大制作。但王世襄先生认为史书记载"夸张失实"⑤。从龙门石窟等唐代遗存来看,制造超大佛像是当时风尚,超大夹纻佛像的存在是无疑的,但具体尺寸因无实物和记载,我们只能揣测罢了。夹纻技法在漆器制作史上,周代已初见端倪,汉代基本成熟,但多用于制作器皿。佛教的盛行,促使了造像技术的发

---

① 即碟子。
② "装"是妆奁用具,内分多层,可以用来放置多个化妆盒。类似于现在的化妆箱。
③ 段成式:《酉阳杂俎》,上海古籍出版社,2012年,第2页。
④ 转引王世襄《锦灰堆》,三联书店,1999年版,第211页。
⑤ 王世襄:《锦灰堆》,三联书店,1999年版,第211页。

达,不论是大型的石质造像还是木质造像,都发展的很迅速。夹纻漆像,由于体轻,易于搬运,非常适合佛教信徒聚会、游行使用。这一高端技术,随着佛教东移,也传到朝鲜半岛和日本列岛,得到当地信众的拥捧。

屏风是一种古老的漆木家具,传说在夏禹时已使用,文献中正式使用这一词汇,最早见诸于《史记·孟尝君列传》中:"孟尝君待客坐语,而屏风后常有侍史,主记君所与客语。"汉代屏风盛兴,文献、考古资料都很丰富,相互佐证。唐代文献上、唐墓壁画资料都很丰富,但尚未见着实物报道。比如陕西境内出土的唐墓屏风壁画就有:礼泉县李勋墓六扇仕女屏风壁画、礼泉燕妃墓十二扇仕女高士屏风壁画、三原臧怀亮墓围榻屏壁画、富平节愍太子墓六扇仕女屏风壁画、富平朱家道唐墓六扇山水屏风壁画、西安庞留村武惠妃墓六扇山水屏风壁画、西安韦慎名墓六扇骑马仕女屏风壁画、长安南里王村唐墓六扇树下仕女屏风壁画等等之多。唐墓中的屏风壁画,展示了墓主生前的状况。屏风壁画的题材多为山水人物,笔画细腻、设色典雅,可见漆屏风在贵族生活中是常见的生活家具。

唐代漆器实物不丰的原因,主要有主客观两个方面。客观上由于气候干燥,竹木藤胎漆器难以保存;主观方面更为重要,这就是朝廷的干预。当时的漆器大量使用金银平脱、螺钿等技法,这些工艺极其耗工费时,在社会上也助长了人们崇尚工巧华美的奢靡之风。开元二年(714年),唐玄宗规定:"凡诸受(寿)终之具并不得以金银为饰,如有违者,先决杖一百。"[1]因朝廷主张薄葬,金银平脱、螺钿平脱漆器便难以成为陪葬品了。至德二年(759年),唐肃

---

[1]　乔十光主编:《中国传统工艺全集·漆艺》分册,大象出版社,2004年版,第26页。

宗下诏："禁珠玉、宝钿、平脱、金泥、刺绣。"①朝廷的干预，主要体现在陪葬品的限制上。因此唐墓中出土的漆器很少，后人只能通过墓中的壁画了解漆器在当时贵族生活中的状况。

唐以后，陕西在全国的政治、经济、文化中心地位逐渐丧失，境内古代漆文化发展状况，因现有资料的限制，难以完整表述。《陕西省志》只记有一句："北宋时期陕西漆器的产地以宝鸡地区为多，包括凤翔与千阳等地。"② 2004 年，西安市广电中心发掘汉、唐、明、清墓葬，24、25、26 号明墓棺木彩绘非常精彩。图 3 - 14 是 24 号墓棺木彩绘的局部纹饰：左边是头挡板，木质地上绘一佛，头梳连峰式髻，脑后圆形头光，双手合十，跌珈坐于莲花座之上，两侧有执幡童子，立于云头，四边是红色漆地的牡丹凤凰图。棺侧板是红漆地金色描绘的凤穿牡丹图案，七只凤凰神态各异，从不同的方向穿梭于牡丹花丛之中，描绘细致，羽毛清晰可数。从中可以看出明代的漆艺彩绘技艺水平相当高。

图 3 - 14　广电中心 M24 木棺头挡板和侧面彩绘（局部）

①　欧阳修、宋祁：《新唐书》，中华书局 2000 年版，第 102 页。
②　陕西省地方志编纂委员会：《陕西省志·轻工业卷》，三秦出版社 1999 年版，第 449 页。
③　图片来源于陕西省考古研究院：《西安南郊明墓》，陕西出版传媒集团、三秦出版社 2013 年版，彩版五，彩版六。

# 第四章　近现代陕西漆文化发展概况

　　手工艺文化是传统文化的重要组成部分。它如活化石一般，长期、顽强地保留着一个民族的古老生活形态和意识轨迹，通过有形的"物"和无形的"艺"，将民族文化加以记忆、传承和传播。然而，在我国由于长期受"重道轻器"思想的影响，对工匠乃至器物层面上的鄙视，妨碍了知识阶层对造物阶层的接近和了解，也妨碍了他们对相关思想和技术的记录，致使许多工匠经验及思想被湮没在造物和设计的历史长河中。对传统工艺文化理论上的梳理、归纳、总结，在高速现代化的中国尤为重要。

　　近现代陕西漆器发展状况，从文献记载和现实发展状况来看，主要以西安地区和凤翔地区为主，本书研究也集中在这两个地区，兼顾其他地区。在时间上从清末民国和中华人民共和国两个时期加以考察。

# 一、清末民国时期

　　清末民初,是中国近代重要的转型期。存在了近两千年的制度即将瓦解,新的制度在萌生。

　　随着中国半殖民地进程的加剧,满清王朝内部力求改革的呼声愈来愈高。1861年洋务运动起,伴随着军事工业的发展,民用工业、教育事业也有了重大的突破。民用工业虽是官督商办,但封疆大吏们引领的求富理念,改变着人们重道轻利的观念;以技术培训为主导的近代学堂兴办以及留学生的派遣,悄然消蚀着长期以来重道轻器的理念。实业救国一时成为强劲思潮,刺激着一批开明官僚、地主、商人参与工商。实业救国思潮的代表清末状元张謇就提出"救国为目前之急,……譬之树然,教育犹花,海陆军犹果也,而其根本则在实业"。将实业的发展上升到国之存亡的高度。庚子事变对中国朝野内外的强刺激,加速了清王朝从体制内部进行制度改革,1901~1911年的清末新政在政治、经济、文化、社会诸领域都展开了前所未有的改革,尤其是商部、学部的设立,使实业的发展终于在中国历史上获得了合法的地位,并且得到政府的支持。一时间,全国各地工厂、学校遍地开花。陕西的漆器工业此时也有了长足的发展。

　　第一,西安漆器。

　　西安的漆器工厂始于1903年。当时西安官办的陕西工艺总厂下设多个分厂,其中一个分厂专门生产填漆漆器。设细木科,卤漆科、雕刻科、书画科等,除书画科师傅是本地人以外,其余各工科师傅都是从四川成都聘请来的。师徒共计 32 人,其中 6 名师傅,26 名学徒。1907 年,厂子扩大,工人人数增加到 60 多名,年产填漆漆器 4000 多件①。在技术上,师傅、学徒每人只掌握一门技术,分工明细,确保产品质量。辛亥革命时,在兵变之夜,填漆厂被劫,工厂停办,工人另谋出路。

民国成立后,民族资本发展环境渐好,"民国 2 年,陕西制漆业有 3 家,职工 414 人"②,这三家工厂分别为精业公司、维新木器厂和秦美公司,地址在木头市。精业公司将原填漆厂的工匠聘为师傅,并为他们专门配备徒弟,设细木科和卤漆科,专做填漆漆器。艺人杨尚武受唐代碑刻纹样的启发,用阴纹线刻填粉装饰法,创出了独具西安地方特色的填漆工艺家具,如红花绿叶填漆衣箱、梳头匣、小炕桌等。这种独具关中特色的填刻漆器在 20 年代曾盛行一时,年产量达 2 万多件,100 多品种,800 多个花色③。这是西安的漆器行业在民国时期最兴旺的阶段,漆器产品不仅销往西北五省,还销到河南、内蒙、四川等地。1929 年,刘镇华围西安城之后,天灾人祸,西安精业公司倒闭。填漆匠们纷纷转业改行,大名鼎鼎的杨尚武落得给他人做小工、在路边摆摊维持生计的惨境,还有的工匠难以生存,进山当了和尚。盛极一时的西安填漆业从此一蹶不振。

第二,凤翔漆器。

---

① 吴敬贤:《陕西工艺美术史》,陕西人民美术出版社 1993 年版,第 215 页。

② 陕西省地方志编纂委员会:《陕西省志·轻工业卷》三秦出版社 1999 年版,第 451 页。

③ 陕西省地方志编纂委员会:《陕西省志·轻工业卷》三秦出版社 1999 年版,第 499 页。

在陕西境内,最重要的考古遗存是春秋战国时期的秦公 1 号大墓。秦都雍城遗址位于凤翔县城南雍水河北岸平地上,春秋战国时期的秦国曾在此建都长达 293 年。70 年代,考古工作者在此进行了长达 10 年的挖掘工作,取得了一系列重大发现。漆器的发现,为了解战国时期秦国贵族的生活以及漆器的生产和使用提供了重要的资料。凤翔历史悠久的漆文化为其日后的发展奠定了丰厚的基础。

据统计,1948 年,城镇有木器铺 50 余家,从业 300 余人,分布于城关、柳林、陈村、彪角、虢王一带。木材原料多来于宝鸡、陇县、麟游等县。材质多为枏、桦、椴、楸、槐、桐、梨、核桃木等。生漆来自太白、商洛、安康等地。产品多为桌凳、箱柜、棺木、茶几、牌匾、风匣、鞍架、木犁等[1]生活用具和生产用具。

凤翔以罩金漆器最为有名。其工艺特点是:在胎体上处理底灰底漆,用工笔描绘技法在金属(金、银、锡、铝等)箔上,按照图案纹样描绘轮廓,然后利用生漆的黏性将花纹摊贴在底漆之上,再施以透明漆罩之,故称之为"罩金漆"。由于当地水、土、气候等天然条件适宜,罩金漆器初制时,色泽浑厚凝重,但随着时间的推移,三五年后,金底由暗转亮,红漆地由暗变艳,红地金花,富贵喜庆,画面在底漆之上,表漆之下,透明如镜,光滑如釉,纤柔坚韧,不易磨损,色彩经久不变。按《髹饰录》对漆艺的分类,罩金漆器属于低档次的"描金罩漆"[2]。凤翔罩金漆器"秦代已有创作,宋、明时技艺逐

---

① 陕西省凤翔县志编纂委员会:《凤翔县志》,陕西人民出版社 1991 年版,第 409 页。

② 长北:《各具特色的中国地方漆艺——北方漆艺》,《中国生漆》2010 年第 1 期。

步提高"[1]。最初,罩金漆器使用的金属材料为金箔,以后,随着冶金技术的发展,价格低廉的铜、铝、锡等也能碾压成金属箔,低廉金属的大量使用,使罩金漆器走向民间,生命力愈加旺盛。清代,凤翔县有漆器作坊 30 多家,产品已行销西北等地。民国时期,制作罩金漆器的工匠散见于全国各地,以制作家具为多。1933 年,陕西凤翔县罩金漆器——漆画圆桌面作为陕西省土特产征集的优等品,以中国工艺品代表作品的资格赴美国芝加哥参加万国博览会。当时陕西省政府专员亲自专程押运,极为重视。圆桌面在美国受到外国朋友的赞扬。至此之后,凤翔罩金漆器名声鹊起,誉满中华,名扬海外。工艺技法也不断发展,在罩金的基础上,增加了刻绘、镶嵌等工艺。1946 年,据统计,全县仅漆器年产值达 45 万元(法币)[2]。

凤翔罩金漆器,其制作技艺已于 2011 年录入陕西省第三批非物质文化遗产名录(298 Ⅶ-25)。

## 二、中华人民共和国时期

新中国成立伊始,许多频临破产的漆器厂家逐渐恢复了生产。社会主义改造运动完成后,工艺美术、家具工厂改制为国营和集

---

① 陕西省凤翔县地方志编纂委员会:《凤翔县志》,陕西人民出版社 1991 年版,第 726 页。

② 陕西省凤翔县地方志编纂委员会:《凤翔县志》,陕西人民出版社 1991 年版,第 409~411 页。

体,纳入计划经济体制。为了满足国家出口创汇的需要和国内民众物质生活的需求,在政府部门的指导下渐渐形成了特色漆器产品。改革开放后,政府相关部门又采取了许多有力措施,使中国的漆器工艺生产有了进一步发展。1996年,全国大中型的漆器生产厂家已有75个,还有不少小型的漆器生产厂家。1997年,政府采取抓大放小的政策,不少中小厂家不能抵挡市场经济的强力冲击,纷纷解体。步入21世纪,随着文化产业的兴起,一些具有地域特色的漆工艺厂家渐渐复苏,生漆、漆器市场也逐渐活跃起来。

从全国范围看,漆器厂家几乎遍布全国各地。大中型厂家主要分布在北京、上海、天津、江苏、浙江、福建、广东、陕西、山西和湖北等19个省、市、自治区,并以福建、江苏、浙江、山西、陕西和广东等省的漆器生产厂家较多。这些厂家大多为国营工厂,生产的主要目的是出口创汇。在漆器的生产和管理上,这些厂家与传统的手工业作坊有明显不同,一般按漆器产品或工序的不同而分设不同生产车间,而且每个厂都有对漆器生产工艺进行研究与质量检测的部门,不少厂家还建立化验室,采用现代科学技术和采用新材料进行漆器生产。

这些大中型漆器生产厂家的产品,主要是依据国内外场需求而生产的。外销的漆器产品,一方面是按国际市场的订货而制作,另一方面是各生产厂家制作具有地方特色的精品在国际市场上推销。改革开放后,国际市场逐渐打开,外销的漆器产品逐年增多,为国家赚取不少外汇。据不完全统计,1981~1985年出口创汇近五千万美元,1986~1990年出口创汇近六千万美元[1]。内销的漆器

---

① 　陈振裕:《中国历代漆器工艺的继承与发展》,《江汉考古》2000年第1期。

产品,大量是满足各地人们的日常生活用具,如家俱、生活器皿等等;同时,还对家庭、宾馆进行室内装潢;生产低档的工艺品,作为馈赠的礼品。当然,各个漆器生产厂家的具体情况并不尽相同,因而其生产的产品与市场也有差异。

从新中国成立后至 1987 年,陕西省生产漆器的企业主要有西安特种工艺美术厂、凤翔县漆器工艺美术厂、杨陵区工艺美术厂、周至县工艺美术厂、户县漆器木器厂、商南县工艺美术厂、宝鸡市木器工艺美术厂、蒲城县工艺美术厂 8 个企业。下面就具有一定规模和影响的地区加以介绍。

## 1. 西安漆器

1956 年,手工业的社会主义改造完成。杨尚武等数名漆器老艺人,成立了西安市漆器生产合作组,生产木、皮胎漆器,产品有茶具、果盒、烟具,以及衣箱、挂屏炕桌、梳头匣、手杖、牙骨镶嵌漆器等 40 多个品种,年产漆器 5000 余件[①]。产品送往北京、广州、武汉、福州等地展出,甚至远赴苏联、波兰等国展出。

1964 年,在西安市原副市长杨晓初的倡导下,在原西安市漆器生产合作社基础上组成西安工艺美术综合厂,1969 年改名为西安特种工艺美术厂(简称特艺厂)。在各方的努力配合下,西安特艺厂成为陕西省规模最大、技术水平最高的工艺美术品厂家。总厂下设五科三室一司(供销公司)一所(漆器研究所)、三个分厂(全漆屏风分厂、漆木艺术分厂、民族用品分厂)和一个涉外购物货场。特艺厂的

---

① 吴敬贤:《陕西工艺美术史》,陕西人民美术出版社 1993 年版,第 216 页。

黄金时期是 80 年代末到 90 年代，1989 年职工人数 507 人，产值 3568
万元，年产漆器屏风 3776 幅，出口屏风占全场总产值的 90%。①

特艺厂的主打产品是骨石镶嵌漆器。其工艺特点是：用红木、
松木、黄杨木为胎，以红、黑色漆地为背景，用象牙、牛骨、鱼骨、贝
壳及青田石、寿山石等名贵玉石为材料，依纹样开纹打磨，利用天
然材质的本身色彩，组成半浮雕的立体图案。其工序复杂，达 32 道
之多。60 年代后期到 70 年代中期，西安特艺厂先后派技术骨干向全
国有传统特色的漆艺厂学习，如赴上海学习漆器屏风、赴福州学习脱
胎工艺、赴扬州学习螺钿镶嵌技术，还请这些地区的工艺师来厂传经
送宝。经过不懈的努力，特艺厂逐渐形成三大类（屏风、木箱、家具）、
36 种规格、100 多个花色的漆器品种。经过多年的整合，漆器屏风成
为该厂的特色产品和主打产品。据 1964 年到 1990 年的数据统计，
西安特艺厂累计出口屏风 3.37 万幅，出口交货值达人民币 1753 万
元②。1989 年，时任中共中央总书记的江泽民和中共中央政治局常
委的乔石先后视察特艺厂，这是对该厂成绩的极大肯定和鼓励。

表 4-1　西安市 1978～1985 年出口漆器收购量表③

| 年份 | 1978 | 1980 | 1981 | 1982 | 1983 | 1984 | 1985 |
|------|------|------|------|------|------|------|------|
| 单位（万元） | 64.43 | 97.21 | 125.95 | 127.78 | 74.78 | 30.29 | 91.95 |

①　吴敬贤：《陕西工艺美术史》，陕西人民美术出版社 1993 年版，第 218 页。
②　西安市地方志编纂委员会：《西安市志》（经济卷·上），西安出版社 2003 年版，
第 397 页。
③　根据西安市地方志编纂委员会：《西安市志》（经济卷·上），西安出版社 2003
年版，第 761 页整理。

张燕先生认为"全国仅西安保存有'镴甸'屏风的制作"①。"镴甸"在《髹饰录》里列在《雕镂部第十》："镴甸,其文飞走、花果、人物、百象,有隐现为佳。壳色五彩自备,光耀射目,圆滑精细,沈重紧密为妙。"杨明注："壳色细螺、玉珧、老蚌等之壳也。圆滑精细乃刻法也,沈重紧密乃嵌法也。"②王世襄认为镴甸与螺钿的不同之处在于两点,即"隐"与"显"、"高"与"平"："螺钿的花纹都与漆面齐平,即使上面有划刻的纹理,也是经嵌入磨显之后,然后刻划的。镴甸则以'有隐现为佳''圆滑精细为妙'。这就是说贝壳的镴刻,依物象的高低为隐现,刻成之后,才嵌入漆地。它的表面不是平的,而是高出漆面的浮雕。"至于镴甸与百宝嵌的不同,王世襄先生认为主要区别于材料："百宝嵌用的是多样的材料镶成,镴甸只限于用螺钿。"③将薄螺钿刻成瓜子形,密集有序地排成花边,作为漆器屏风的边饰,镴甸常与骨石镶嵌屏风结合,成为西安漆器工艺的代表,是出口创汇的重要产品。以制作此类漆屏风见长的西安特艺厂在行业评比中成绩突出,为全国漆器十大重点企业。

西安特艺厂风雨四十载,能成为全国同行业之佼佼者,得益于历史上三次艺术群体的集结。20世纪60年代,以西安美术学院及附中下放师生为主骨,以老艺人杨尚武为核心,形成第一次人才集结。这批学院派师生,大多成长为国内工艺美术大师,是特艺厂的开拓者、奠基者。20世纪70年代,李群超任厂长期间,充分利用他在西安市工艺美术公司任经理和党委常委的有利条件,从外地市县调入一批艺术造诣高、技术能力强的工艺美术师,完成第二次人才集结。时有"特艺厂出人才"之佳话。20世纪80年代,特艺厂正式成为陕西省旅游局挂牌的外事接待单位,以本厂艺术人才为骨干,成立长安书画院,广纳省内外书画名家,实现了第三次人才集结。前两次人才集结,直接促进了西安地区漆艺的发展,创作出不少传世佳作。在这些精品佳作中,尤以大型漆屏风见长。

西安特艺厂驰名海内外的漆器屏风精品很多,代表作有《竞艳图》《秦始皇出巡图》《极乐图》《群马图》《松鹤图》等,现将获得大奖的作品略作介绍:1972年,由陕西著名画家蔡鹤汀、蔡鹤州兄弟二人设计的大型漆器镶嵌雕花座屏《竞艳图》(710×370厘米)(见图4-1),参加全国第一届工艺美术展览,受到国内外人士一致好评,成为陕西漆艺里程碑式的杰作。此座屏风,体量庞大,黑漆地,以两只孔雀为主角,一只蓝孔雀在空中飞翔,羽毛在座屏中部形成华丽的扇状,另一只白孔雀在牡丹花丛中竞艳开屏,两只孔雀四周莺歌燕舞,百花齐放。所有纹饰均以天然材质制作,由于大量使用了寿山石、青田石、象牙、红木等贵重材料,使这座屏更加昂贵,成为陕西漆艺里程碑式的杰作。《竞艳图》共做了四座,有两座出口。1985年,西安特艺厂开始生产平贴屏风,1987年,董静华等人设计制作出《秦始皇出巡图》(45×225厘米)九曲朱漆围屏(见图4-2),获得轻工业部全国行业评比部优产品称号。这幅作品用开纹打磨的石料平贴在推光漆板上,作品的主角秦始皇,他昂首站立在四乘马车之上,前有仪仗开道,后有嫔妃相随,旌旗飘飘,歌舞缭绕,场面宏大,气势不凡。在技术上有突破的还有史永哲的《极乐图》,它以唐代石刻为模本,画面主体是唐代歌舞伎和敦煌极乐舞伎,在技法上采用传统镶嵌手法,但又打破传统的多色石料,改用一色素面,在人物造型上追求"以肌丰为美"的盛唐风格。由于该厂屏风品质优良,曾获得天津出口公司免检信誉,在国际上也享有声誉。

图 4-1　竞艳图①

---

①　图 4-1、图 4-2 为旧藏《西安特种工艺美术艺厂》宣传册翻拍而成。

图 4-2　秦始皇出巡图

西安特艺厂的屏风题材多选自陕西地区的出土文物和古都长安群众喜闻乐见的历史典故,如"文成公主""唐人打马球""八骏图""博古""红楼梦""八仙过海""松鹤延年""孔雀开屏"等近百种。由于有一只专业设计队伍,西安的漆器纹样古朴典雅,具有鲜明的古都气质。这些七八十年代创作的稿样一直延续至今。

屏风是集实用和装饰功能于一身的大型漆器,具有典型的东方工艺之美,颇得海外人士喜爱,是陕西重要的外销产品之一。陕西各地漆器厂生产的漆器屏风各具特色,如西安特种工艺美术厂以骨石镶嵌屏风和平贴屏风为主、凤翔县漆器工艺美术厂以罩金屏风为主、杨陵区工艺美术厂以刻灰屏风为主、商南县工艺美术厂以推光漆屏风为主、宝鸡市木器工艺美术厂以雕填屏风为主、蒲城县工艺美术厂以古币屏风为主。

## 2. 凤翔漆器

1955 年 12 月,位于县城东关的凤翔县漆器工艺美术厂(后改名为凤翔美木器工艺美术厂)成立,1974 年产品开始出口。主要漆器产品有镶嵌屏风、罩金漆器、雕填漆器等。罩金漆器在原有的工艺基础上又创出"彩绘罩金",既保持了原金属箔的质感,又使得单纯的金属色变为复色,五彩缤纷,艳丽夺目。凤翔的镶嵌屏风,以象牙、贝壳、青田石为装饰材料,经过雕琢之后粘在退光漆板上,周边描以金线,呈半浮雕状。

凤翔罩金漆器的纹饰一般侧重于人物故事。在布局上,若主画是人物故事,边角则以花鸟、山水、"八宝"(琴、棋、书、画、笔、墨、纸、砚)等为陪衬。人物故事画以四类题材为主:一是忠孝仁义,如"二十四孝图解";二是爱情故事,如"牛郎织女""梁山伯祝英台""西厢听琴""凤台听箫"等;三是民间传说、戏剧故事,如"八仙过海""麻姑献寿""盗仙草"等;四是文人故事,如"文王访贤""程门立雪""东篱采菊"等。这些题材有雅有俗,适用面广泛,颇得各阶层人士的喜好,这也是罩金漆器生命力旺盛的原因之一。

图 4-3  凤翔罩金漆屏风①和罩金马勺②

据县志记载,1982 年,县木器工艺美术厂生产的"孔雀屏风"在江苏扬州举行的全国同行业自选产品评比中,被评为第 9 名;花鸟屏风为封样产品第 3 名。③ 1983 年 6 月,应中央工艺美术学院的邀请,凤翔县文化局携包括漆艺在内的 435 种 890 多件工艺美术品赴京展出,引起国内外人士的关注。华君武、方成、张汀等美术界著名人士给予高度评价。

---

①　图片资料来源于陕西省凤翔县地方志编纂委员会:《凤翔县志》,陕西人民出版社 1991 年版,彩图。

②　作者本人收藏。为凤翔县罩金漆器承传人王会平作品。

③　陕西省凤翔县地方志编纂委员会:《凤翔县志》,陕西人民出版社 1991 年版,第 43 页。

凤翔漆器与当地人民的生活关系密切。除屏风这样的奢侈品外，桌椅板凳、牌匾花架等与人们关系密切的生活用品，都明显地带有本地漆艺色彩。

### 3. 蒲城古币屏风

蒲城的古币屏风颇具陕西地方特色。古币屏风的创始人是赵秉科。1986 年，他到蒲城县工艺美术厂（前身系蒲城工艺美术合作社，1985 年更名为工艺美术厂），参照自己珍藏的古币，用传统翻砂工艺铸造放大复制，经过凿边抛光，镶嵌在大漆髹涂的屏风上，每个青铜币之下，用金色书法加以文字说明。比如他首创的"大清货币屏风"，屏风正面排列清代 12 位皇帝在位时的货币，每枚币下方刻出其年号、庙号、在位时间、寿年几何等，整个屏风的以黑、青、金色组成，色彩凝重，古色古香。屏风背面还用书法写明清朝的历史以及货币制度。这样的屏风可谓前无古人，一经面世，受到媒体高度关注中央电视台、北京电视台、陕西电视台、陕西日报等十多个媒体纷纷加以报道。1987 年古币屏风选送全国工艺美术展览馆展出，时任国务院总理的李鹏给予很高的评价："利用我国古代帝王生平搞工艺美术品很有潜力。"[1] 1988 年，在中央领导的鼓励下，赵秉科带领全厂职工，又制作了"汉代货币""大唐货币"等古币屏风，并创造了"吉语币屏风""八仙神钱屏风""借口联句币形屏风"等，这些充满中国文化元素的漆器屏风颇得海外人士的喜好，远销西德、美、英、日等国，被陕西省工艺美术公司评为优创产品。为了保护这一技术，1988 年古币屏风开始批量生产，次年申请获得"中国古代货币屏风"国家专利。这是我国工艺美术产品的第一个专利。

---

① 吴敬贤：《陕西工艺美术史》，陕西人民出版社 1993 年版，第 224 页。

是年,古币屏风荣获"中国工艺美术百花奖二等奖"[1],影响进一步扩大。

### 4. 商南漆器

商南是我国生漆生产基地之一,漆酚含量高,品质优良。当地出产的椴、松、杉的木材,质优价廉。这些为当地木漆器生产提供了良好的资源环境。随着外贸需求的增加,1982年,商南木器工艺厂创建,从凤翔县邀请推光漆工艺人员李吉祥等人,从事推光漆器生产,产品以屏风为主。商南推光漆工艺考究,有"四步十六道"之说,对工匠技术要求很高。商南推光漆屏风自投放市场后一直为畅销产品。1984年,首批生产的座屏、围屏、挂屏等漆器产品,在全国第十六届工艺美术品展销会上受到好评,同年打入秋季广州交易会,首次与意大利客商签订2万元订货合同。1985年,生产出旅游漆器工艺品3大类17个品种,仿古工艺茶几、福禄寿围屏获陕西省工艺美术公司优秀作品奖。1988年,创新产品玉雕填金屏风问世,经省级鉴定合格,准予批量生产,并列入"星火计划"项目。玉雕填金漆器屏风,是将玉石、贝壳雕成仕女人物、花鸟鱼虫、博古神话等纹样,用特殊的胶粘在推光板上。这种屏风色彩明丽,典雅大方,很受外商的喜爱。商南木器工艺厂1988年完成总产值50.8万元,其中推光漆出口产品产值26.6万元。之后若干年都保持良好的增长势头。1983年产品外销以来,无一件工艺品因产品不合质量标准而被用户退货,在国际市场上赢得较高信誉,被陕西省外贸部门定为免检产品。出口产值也由2万元增长到1991年51.7万元。商南漆器工艺产品已远销美国、英国、法国、意大利、澳大利

---

① 刘福谦主编:《蒲城县志》,中国人事出版社1993年版,第235页。

120

亚、波兰、新加坡、香港、台湾等十几个国家和地区。[①]

　　商南仿古茶几精巧、美观、古形古色、坚固实用，是商南推光漆工艺品中的上品。1985年获陕西省优质工艺品称号，1987年获国家轻工业部工艺品二等奖，内外销售都很紧俏，1987年至1989年三次"广州交易会"上纷纷订货，呈现出供不应求的趋势。1988年，商南刻绘屏风、玉雕镶嵌屏风两项产品荣获陕西省和商洛地区优秀新产品称号。

　　商南漆器，采用传统工笔重彩画法，色彩艳丽、风格明快。纹样既有中国传统吉祥图案如人物故事、花卉翎毛、鸟兽虫鱼、博古神话、龙凤呈祥、金鱼戏水、荷花鲤鱼、天女散花、麻姑献寿、鲤鱼跳龙门、松鹤延年、雪中红梅、孔雀开屏等，又有时代色彩的旭日东升、祖国五岳、现代舞蹈等图案。漆工艺以雕刻、描金、推光、漆画、雕漆变涂为主，既有面对国际市场的漆工艺品，也有满足百姓需要的生活用品。

　　陕西漆文化发展自古至今绵延未绝。唐代之前，由于陕西是全国政治、经济、文化的中心，漆文化的发展不仅对全国产生影响，甚至对周边国家如朝鲜、日本等国影响深远。新中国成立后，陕西的漆文化依然存在并一度发展，八大漆器工艺美术厂为国家出口创汇做出很大的贡献。然而，20世纪90年代中后期，在市场经济的冲击之下迅速萎缩，大批工艺美术厂纷纷倒闭、转产，传统手工技艺濒临失传，这令热爱传统工艺文化的人们痛惜不已。

---

[①]　商南县志编纂委员会：《商南县志》，作家出版社1993年版，第237页。

# 三、漆艺名家

　　漆艺的发展离不开人。只有通过人的劳动,才能将大自然奉献的各种材料制造成人类所需要的各种器物。这些器物凝结着人的智慧与劳作,是人与自然交流的产物,体现着人对大自然的理解与情感。从古至今,陕西这片土地上不知产生过多少能工巧匠,不知孕育出多少漆艺名家。

　　漆艺创作不能离开集体劳动。从制漆、设计、制作需要团队合作才能完成。老艺人一般尚能身兼多项技艺,但也不能完成整个制作流程。现代,产业化的批量生产,更使得分工越来越细,即能设计又能制作的漆艺人才,愈发弥足珍贵!

　　陕西古代漆艺名家,因资料的匮乏,难以记叙。近现代为陕西漆艺发展做出贡献的漆艺家非常之多,仅西安特艺厂就涌现出大批身怀绝技的漆艺家,如:杨尚武、崔振宽、江文湛、李群超、史永哲、解明新、王有宗、郭北平、王炎林、侯生凯、董静华等等。限于篇幅,现仅将对陕西漆艺发展产生重要影响的漆艺名家作以简单介绍。

图 4-4　西安美术学院及附中入厂部分人员旧照[①]

前排左起：崔振宽、刘书记、王友宗；

中排左起：解明新、李君、史永哲、薛宝生；

后排左起：李群超、江文湛、茹达

## 1. 杨尚武

　　杨尚武是西安市 60 年代命名的工艺美术大师、漆艺唯一传承人。为陕西培养了大批漆艺人才，是陕西近现代漆艺发展史上必须提及的重要人物。

　　民国初年，杨尚武曾在甘肃天水、四川成都一带从事漆器手工业劳动。1920 年前后，来到西安，进入精业公司。杨尚武手艺精湛，思维活跃，善于推陈出新。受唐代碑刻的启发，他以四川的雕填技艺为基础，采用阴纹线刻填粉的技法，创新出刻绘填漆工艺。

---

　　① 此照由史永哲先生提供。

这一技术讲究刀法,用刀如笔,追求刀刻的流畅娴熟。新产品一经面世,便深得市民的喜爱。西安早期的首饰盒、衣箱、拐杖、茶具等漆器大都出自于杨尚武之手。

1957 年,在社会主义改造的浪潮下,杨尚武挑头成立了西安市漆器生产合作社,与老工匠朱炎荣、张有直一起,带领童景琴、徐义祥等十几位学徒,批量生产木、皮胎等生活用品漆器。杨尚武以刀刻见长,朱炎荣擅长皮胎漆艺,张有直制漆、炼漆、熟漆技术高超,三位老艺人精诚合作、同心协力,形成西安漆艺传承的"三人组"。他们带出的徒弟,个个技术精湛,踏实肯干,生产的漆器得到各方好评,并连年赴北京等地展出。

1964 年,西安市工艺美术厂(1969 年更名为西安特种工艺美术厂)成立,杨尚武悉心传授技艺,为特艺厂带出了许多技术骨干。这些人大都成为陕西漆艺名家。

## 2. 李群超

李群超,漆艺家、国画家、企业家。高级工艺美术师。陕西郃阳人。1961 年因自然灾害,西安美院解散,美院及附中的师生纷纷被遣散到基层,李群超等 13 名师生被分配到西安市二轻局下属的西安工艺美术厂。当时的工厂只是一个以漆艺生产为主的作坊,条件非常艰苦。没有画室,只有工棚;没有画笔,只有漆刷。师生们安于清贫,从老艺人身上学到了许多学校里没听过、没见过的技艺。他们全面学习掌握线刻、雕填、镶嵌、犀皮等漆工艺技法,研究寿山石、青田石、象牙、红木、贝壳等天然原材料的特性,领悟天然材料如何转换为艺术品的精髓。长期的努力,积累了丰富的实践体验,年轻的师生们迅速成长,对陕西本土文化、工匠文化有了更深的体会。李群超在特艺厂潜心向杨尚武等老艺人学习漆艺,并逐渐对磨漆画产生浓厚兴趣,不断有新作诞生。李群超认为"磨漆画用丰富的表现力和时代感使现代的装饰和传统的工艺达到了完整和统一的境界。描漆有工笔之美,刻漆有线条之美,堆漆有浮雕之美,刮漆有油画之美,泼漆有陶釉之美,磨漆画它将现代人的观念和东方艺术的韵味表现的完美尽致。"①1980年,李群超回到西安美术学院国画系深造,在张之光教授的指导下,主攻大写意花鸟,毕业后到西安国画院工作,将国画之魂溶于磨漆画的创作之中,形成自己独特的风格。从1970年开始,李群超和其他漆艺家合作的磨漆画就开始出现在全国多处重要的大型建筑中,如北京民族文化宫、北京友谊大酒店、西安火车站候车大厅、西安忆江南大酒店(见图5-6)、甘肃敦煌大酒店、西安市政府贵宾接待大厅、西安临潼华清池等。时间已过去三四十年了,岁月让这些漆画作品陈旧了、过时了,但每每看见这些漆画的时候,依然有震撼的视觉感受。

李群超在1980年曾下海南,办厂生产磨漆画,创作出一批具有浓郁海南民族风情的磨漆画作品,如"苗族少女""黎苗春历三月三""五指山恋歌""渔家乐""海南风情(七幅)""蓝海""黎族风情(堆古贴金)"等等,从大量的作品中可以看到他对艺术的追求和对漆艺的深厚情感。在此期间,凭着他的艺术造诣及埋头苦干的精神,为海南培养了一批功底扎实、技艺精湛的工艺美术人才。

1995年,西安欧亚学院成立,李群超受聘于学院工艺美术研究中心教授之职,主要从事漆艺专业的人才培养和组织磨漆画生产。2003年,西安欧亚学院将李群超及其弟子作品结集成册,充分肯定了他对陕西漆艺发展的贡献。

———————————

① 李群超:《中国漆艺——现代磨漆画浅析》,收录于《西安欧亚学院艺术品展馆——磨漆画藏品专辑》(内部发行)。

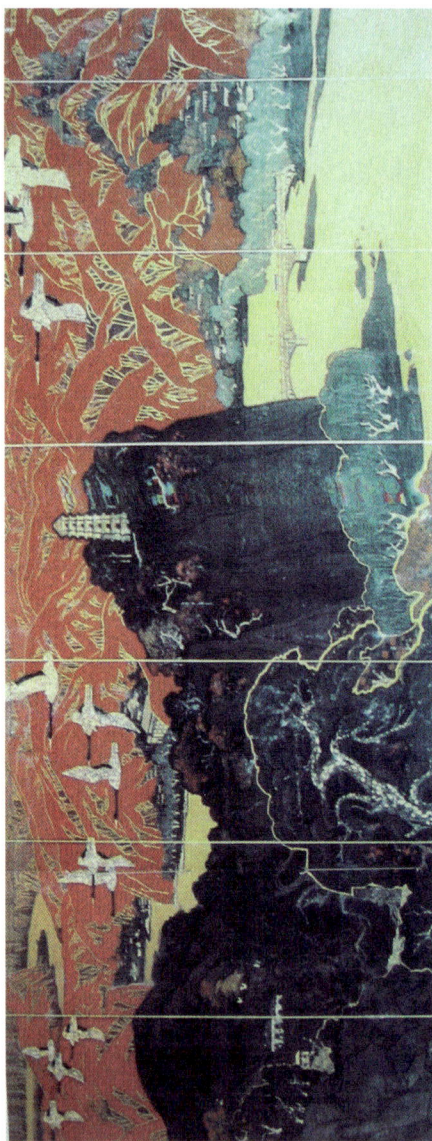

图 4-5 《金色延安》(李群超 史永哲任艺术总监)[1]
西安火车站候车大厅 四幅大型漆壁画之一

---

[1] 此作品由史永哲先生提供。

李群超对陕西漆文化发展的贡献，除漆艺创作，更重要的在于对人才的培养、引进和使用。文革结束后，西安特艺厂迁址到环城西路，时任厂长的李群超开拓进取、广纳贤才，特别是从外地县市调来一批高水平专业技术人才。如陕西长安画派创始人之一的康师尧从户县农村调到特艺厂，后担任总工艺师；著名油画家郭北平、杨国杰从县文化馆调入特艺厂，任设计师；著名国画家王炎林从汉中歌舞剧团调入特艺厂，担任设计师；入室弟子赵望云，著名山水画家侯声凯、国画家夏景荣、马云等都是这个时期被引进的。一批艺术精英聚集在西安特艺厂，创作出大量高品质漆艺精品。具有里程碑性质的"竞艳图"即诞生于此时，继而，汉唐题材屏风也参加全国工艺美展，名震京城，国内同行业里发出了"赶上海、超西安"的口号。

### 3. 史永哲

史永哲漆艺家、国画家。陕西省工艺美术大师、高级工艺美术师。从事工艺美术和中国画 50 余年。史永哲祖籍河南，1942 年出生于西安。1961 年 9 月从西安美术学院附中毕业，随老师崔振宽等 5 人和同学李群超等 7 人被分配到西安特种工艺美术总厂学习漆艺。这批经过严格训练，具有良好美术专业基础的人才，为陕西和西安漆艺的发展奠定了基础。

史永哲在特艺厂师从杨尚武，专门学习线刻雕填工艺。史永哲回忆说："从杨尚武老艺人的漆刻线条中，我们领悟到什么是秀润和苍劲。他的'小石山房'印谱藏本是我们争相传阅的宝贝；何连三的隶书'十亩薄田一度秋风一度雨，数间茅屋半藏农具半藏书'的条幅让我们感知了生活与艺术的血缘"。20 世纪 60 年代中期至 70 年代末，西安特艺厂引进漆器屏风生产工艺，并以此作为主打产品，此时，史永哲担任特艺厂技术副厂长，主持技改项目"传统漆膜干燥荫房现代化管理"并在全国推广。大漆干燥恒温自动控制系统在全国漆器行业走在前列。

为了进一步提高专业水平,1984 年,史永哲去西安美术学院进修一年,研习国画。1988 年赴日本国京都市立艺术大学研究生院研修日本漆艺。综合中国传统技术和日本漆艺,他逐渐形成自己的漆画风格,确立了在陕西漆画界的地位。《中国现代美术全集·漆器》中收录了史永哲创作的"盛装观音"挂屏和"漆盘系列"作品。他时而漆画时而国画,涉足领域广泛,影响力不断扩大。

　　史永哲长期担任中国美术家协会会员、中国工艺美术学会理事、中国工艺美术协会漆画专业委员会副主任、陕西省工艺美术专家委员会主席、长安书画院院长等职。有影响力的漆艺作品包括:与李群超共同担任艺术总监的西安新建火车站候车室四幅大型漆壁画(1985);《全家乐》(图5-1)获首届中国漆画展作品优秀奖(1986 年);漆画《今·昔·未》获京都工美展银奖(1988 年);漆画《日月长河》获省工美展一等奖(1991 年);漆画

图 4-6 《漆盘系列》(史永哲)[1]

《大唐鼓乐》(本书封面图画)获全国工艺美术百花奖银奖(2009年)。

---

　　[1] 沈福文主编:《中国现代美术全集·漆器》,河北美术出版社、锦绣出版事业股份有限公司(台北)联合出版,1999 年版,第 220 页。

## 4. 赵秉科

如果在互联网上搜集赵秉科的资料，多是看到他作为首批陕西省非物质文化遗产"阎良核雕技艺"传承人的资料，坊间有"核桃赵"之称。其实，赵秉科的名气早在1980年因古币漆器屏风而大噪。

赵秉科，漆艺家、核雕家。陕西省工艺美术大师，担任中国工艺美术学会会员、陕西省工艺美术学会理事、西安市工艺美术学会理事、陕西省工艺美术协会会员、渭南市（中级）工艺美术职称评定委员会评委、（美国）世界木雕家学会会员等职。赵秉科祖籍蓝田，1943年出生于西安市。16岁师从全国著名果核雕刻老艺人孙光明和漆器老艺人杨尚武先生，学习桃核雕刻和漆器工艺。学徒期间，赵秉科跟随师父，精读史书，吟咏词赋，搜寻异志，学书习画，夯实了传统文化根基。1964年，赵秉科到西安新风工艺美术厂（后并入西安特种工艺美术厂）工作，是年，随西安学习团赴上海学习漆器屏风的制作。1973年，赵秉科调到西安市刻字厂，负责核桃雕刻技术的传授工作，培养了一批技术能手。1986年5月，蒲城县开发中国帝王陵旅游，赵秉科受聘于蒲城县工艺美术厂，着力于新题材屏风的研发工作。由于他喜爱收藏古币，根据自身的优势，将古币、漆艺、雕刻三者有机结合。他拿出自己珍藏的古币真品作参考，用翻砂工艺复制放大古币，镶嵌在大漆髹涂的优质松木板材上。1987年4月古币屏风试制成功，1989年获得《中国古代货币屏风》国家专利，1988、1990年获中国工艺美术品百花奖优秀创作设计一、二等奖，1991年获得陕西省一等奖。

赵秉科对传统手工技艺充满感情。他常年埋头于工作，勤于创作，获得业内的高度认可和社会的广泛认同。中央电视台、北京电视台、湖南电视台、陕西电视台、西安电视台等多家媒体宣传他，并有专题片《赵秉科和他的历代古币屏风》播放。陕西人民广播电台、陕西日报、西安晚报等省市媒体曾以《大巧若拙，匠心独运》《雕刻艺人赵秉科》等为题，予以专题报道。

## 5. 杜钟勋

杜钟勋，漆艺家。获"中国漆艺家"（中国漆艺研究中心授予）、高级工艺美术师、陕西省一级工艺美术大师等称号。担任陕西美术家协会会员、西安市工艺美术学会理事、中国漆器艺术研究中心理事、陕西省工艺美术专业技术职称评委等职。杜钟勋是陕西户县人，1949年生，从小喜爱绘画。文革时自学木工、油漆工，具有扎实的漆木器全套制作技术。1977年被陕西省破格由农民招收为木器厂的设计人员。1979年在福州漆器脱胎厂全面学习漆工艺技术，1982年开始承担陕西省磨漆画研制项目，从此走上了磨漆画的创作之路。1988年，杜钟勋被调到陕西省户县福利工艺厂，研制漆木家具漆下彩工艺。漆下彩吸收民间绘画艺术语言和陕西传统装饰文化，形成新的艺术视觉。将民间工艺技术提炼整合，成为全国漆艺行业中具有地域特色的新品种。这一工艺被西安市列为技改项目，试制成功后批量生产，并出口创汇。1993年在我国全面向市场经济转型之初，杜钟勋组建西安艺宝漆器公司，继续漆器的制作，坚守着对大漆的挚爱。这些年他设计的漆家具上百件套，装饰图案和礼品数百件套，陕西省工美协会刘德林会长如此评价："杜钟勋漆艺的根基在于他的谦虚和宽厚"。杜钟勋对大漆和漆画有一种深深的情感，对漆之艺达到痴迷的地步，如《寻梦唐大明宫》（图4-7）一幅漆画就使用了十几种漆艺技法，作品文化内涵十分丰富。

杜钟勋虽然没有机会接受正规的美术学院教育，但并不妨碍他进行漆文化理论研究工作。其论文《关于漆艺之漆画发展的几点思考》，提出意识形态上的绘画与工艺；局限性与优越性；普及与提高；突破技术难点等观点。论文《关于漆艺两部专著之浅见》，对有些学术著作中的漆艺提出自己的见解。《对漆器产业现状认知的浅显辨析》论文提出：大漆的研发和利用；漆器历史辉煌是因广泛的被人们需求和利用；漆艺因时代、材料和制作形成而演变等一些列观点；提出传承与创新是传统艺术的两个课题，这篇论文在 2011 年国际生漆产业发展高峰论坛上进行交流，杜钟勋在大会上诵读报告。

陕西老一辈的漆艺家队伍，撑起了陕西漆文化的一片天。他们对中华优秀传统文化的挚爱和承传，为今人留下了宝贵的精神财富和物质财富，是陕西乃至全国非物质文化的重要组成部分。

图 4-7　寻梦唐大明宫（杜钟勋作）①

---

① 此作品由杜钟勋先生提供。

# 第五章　陕西漆器地域特征及其内涵

　　陕西具有深厚的历史文化底蕴,是中华民族和中华文明的发祥地之一,人杰地灵,物宝天华。蓝田猿人、半坡村遗址,昭示着这块土地上的早期文明。人文初祖炎黄二帝部族发源于此,后稷在此教先民稼穑田桑,仓颉在此发明文字,周秦汉唐在此建都,文治武功,建立高度的文明;丝绸之路以此为起点,连接东西,传播中华文化。陕西在中国历史上居政治、经济、文化中心千余年,积淀下的文化遗产丰厚而广博。挖掘陕西历史文化遗存,梳理陕西物质文化发展脉络,研究陕西漆文化内涵,是十分有意义有价值的事情。

## 一、秦物质文化特征

　　人类创造物质文明、积累物质财富的劳动,是脑力劳动和体力劳动共同参与的结果。人类所造之物，既是物质生活需求的产物，也是精神生活的产物。物质是精神的载体，人类的精神生活只有靠物质形式才能实在地表现，只有靠物质形式而外在化。因此，对物质文明以及器物文明的研究和总结，不仅要从人类历史演进的宏观角度加以考察，而且要与当时的精神风貌相结合。我们在博物馆看到的古代器物，是祖先有意识选择的结果，也是他们曾经使用过、把玩过的物品，承载着祖先的痕迹，积淀着我们民族的感情。通过研究世代积累下来的有形的器物，更能体会先祖的思想、智慧与才能。

中华民族造物理念的"形而上"要求"藏礼于器""道不远人"。生活中的器物能够表达权力、尊卑与情感，艰深玄妙的"道"就在人们的生活中。不论是用于祭祀的礼器还是生活用器，都不可随意而为，必须遵循一定的法度。封建时代的要求更是苛刻，决不允许逾制和僭越。"天有时，地有气，材有美，工有巧。合此四者，然后可以为良。材美工巧，然而不良，则不时，不地气也"[①]是中国古代技术传统的造物原则或价值标准。造物中所蕴含的人关于自然、材料、技艺、造型等的认知和实践智慧，是人与自然、人与社会交互的结晶。物质文化的内涵，需要通过表达才能够被理解。不同地域的表达形式和风格有很大不同，这与此地的历史有密切的关系。

秦文化是陕西人常用以指代本地文化的象征符号。陕西简称为秦，陕西人自称为"三秦儿女"，谓此地是"三秦大地"。虽然历史上的大王朝周秦汉唐均立都于此，但此陕西人没有用"周文化""汉文化""唐文化"来作为本地文化的表述。可见，秦的地域文化特质是最能代表陕西地区的文化风貌的。

经过千百年的积累，秦文化已具有多重概念。秦文化发源于中国西北部的秦国故地，西周时，由宗族文化逐渐发展成为区域性文

---

① 戴吾三编著：《考工记图说》，山东画报出版社 2003 年版，第 20 页。

化。今中国西北部的陕西、甘肃一带，为秦人（秦族）大致分布范围。秦国统一中国后，秦文化吸收周边文化，成为占居主导地位的全国性文化。汉唐之际，秦文化完全突破了地域界限，发展成真正意义上的外向型文化，成为中华文化的标志性符号。唐以后，由于陕西地区政治经济地位的渐低，秦文化又成为带有中华文化气质的地域文化。

秦文化底蕴深厚、广博精深、影响深远，很难用寥寥数语加以概括。如果仅从物质层面考量，简单的可以分为民间和官府两个层次，民间物质文化追求粗犷拙朴，官府物质文化表现典雅精致。粗犷拙朴的文化气质源于深厚的地域沉积，典雅精致的文化风貌源于贵族的品味追求。

## 1. 粗犷拙朴

早在战国至秦汉之际，就有不少人关注秦文化，并对其特点加以概括描述。如魏国的信陵君说认为"秦与戎翟同俗，有虎狼之心，贪戾好利无信，不识礼仪德行"。西汉初年，贾谊痛说"秦俗日败"，指出：商鞅变法以来，秦国一直是"并行于进取"，虽然"功成求得"，但却出现了社会道德水准严重下降的恶果，秦始皇又"废先王之道，燔百家之言，以愚黔首"，更把秦朝推向灭亡。《淮南子·要略》里有"秦人之俗，贪狠强力，寡义而趋势利"，司马迁认为"今秦杂戎翟之俗，先暴戾，后仁义"。上述言论，虽然包含了对秦国或秦人的敌视，但却也揭示了秦文化的某些基本特征。

秦国地处西戎，长期经受社会环境与战争洗礼，又受到西北少数民族的影响，秦人性格质朴、率直，性情坚强彪悍，做事敢作敢为，在艰苦的环境中善于嬗变和进取。秦文化中含有注重实效，讲求功利，勇于创造的内质。为了实现目标，善于策划，精于组织，遵循法则，追求大和，并能够坚定不移地勇往直前，不容任何困难和力量阻挡。秦文化的精神特质造就了"跨海内制诸侯"的强大秦国，成就了一统天下的大秦王朝。

## 2. 典雅精致

早期秦文化在相对隔绝的状态下发展，具有浓郁的地域色彩。秦灭巴蜀之后，巴蜀之神秘诡异、瑰宝陆离、逍遥安逸等要素与秦文化相互融合，形成了内涵极为丰富的文化特质。秦统一六国，横扫天下的霸气弥漫在精神的、物质的多个层面，并对周边乃至全国产生影响，官府制作的规范化、制度化强化了造物制器的严谨规制。汉虽"汉承秦制"，但由于王朝的创建者及其核心人员多来自于荆楚之地，在精神文化领域"汉却依然保持了南楚故地的乡土本色"①，楚之尊凤尚赤、崇火拜日、喜巫近鬼为秦文化输入新的养分，其典雅气质、细腻风格与秦文化交融。唐王朝时期，造物的技术不断提高，佛教文化和波斯文化的广泛介入，为官府物质文化输入了新鲜活泼的气质，造型纹饰上追求典雅、工艺技法上追求精致，制造出难以计数的绝世精品。

## 二、陕西漆文化特点

一个地区的器物，在造型、色彩、纹饰上的表现，是这个地区世

---

① 李泽厚:《美的历程》,天津社会科学出版社 2001 年版,第 114 页。

代相传的文化基因的外化，其中隐含着本地民众的情感。大自然赐予人类的物质材料，本无文化内涵和精神内质，然而，一经人类参与，便注入了人类的思想情感，有了精神特质。手艺可使自然之物化腐朽为神奇，巧思可使自然之物寄托人的情感。比如玉石就是山中的石头，几经琢磨，温润如谦谦君子，光滑如韶华处子，玉的品格成为中国匠人追求的终极目标。漆器的外表光润如玉，色彩凝重含蓄，造型端庄秀美，纹饰细腻缜密，具有东方人格化意境。

陕西的漆文化不仅具备了陕西物质文化的基本特质，而且拥有了与其他类别物质文化不同的特征。陕西的漆文化在古代长期引领中国漆文化的发展，是官府物质文化的标志。宋明以降，陕西官府手工业的地位逐渐边缘化，漆文化发展受到影响，开始走向平民化、乡村化。

新中国成立以后，在计划经济的布局下，利用我国传统工艺文化为国家出口创汇成为那个历史时期的重要步骤。这时的陕西漆文化发展实质上是由政府主导推行的，生漆是为了出口、漆器是为了创汇，专业的科研机构的成立也是服务于这两项内容。传统行业一般难以与市场抗衡，计划经济为生漆采购和漆器生产提供了政府保证。这个阶段是陕西漆文化发展最好的时期。1997年，党的十五大召开后，全国范围推行社会主义市场经济体制，除了极个别的大型工艺美术厂还能维持生计外，大多数厂家纷纷解体。在农村、乡镇，由于传统因素，如婚丧嫁娶对漆器产品有一些需要，使一些小漆工艺作坊尚能维持生存，正是这些传统手工艺爱好者的坚守，漆艺尚能够保存至今。

## 1. 生漆资源丰富，制漆发展稳健

陕西的生漆资源在近现代历史上的地位一直没有动摇过。历史上,秦巴山区的生漆长期作为朝廷贡物,是极具地方特色的土产。近代以来,连年的社会动荡使很多陕西土产的生产都深受影响,但是,生漆、桐油生意一直受影响不大,甚至在抗日战争时期,生漆的产量也没有太大的变化。新中国成立后,陕西六大产漆区的生漆产量一直比较平稳,安康漆产量、质量一直名列全国之首,2015 年出现了一个可喜的现象,地处陕北的黄龙县,生漆产量异军突起,年产量在 60 吨上下。近三年来,全国生漆产量年均不超过 400 吨,而陕西省生漆年均产量就达 230 吨。

### 2. 漆艺风格雅俗共生

漆器的品格有高下优良之分,品格越高,材质就越贵,造型装饰就越考究。从古代陕西漆器遗存中,我们可以清晰地观察到漆器的典雅精致。能够成为王公贵族陪葬的漆器,一般出自官府手工工场。中华人民共和国成立后,政府办的国营、集体性质的工艺美术厂生产的漆艺产品,以高格调、高品质作为产品设计及制作的目标,以供出口创汇和政府高级部门使用。一般来讲,政府主导下生产的物质产品,既要合乎制度要求,又要体现礼仪规范,还要具有时代风范,因此制作精良、格调高雅。

政府主导下生产的产品,虽然也是民间追随仿效的典范,但更多的情况下,民间手工艺人在不违制犯禁的前提下,设计的产品更加实用、用料更加便宜、选题更加自由、色彩更加艳俗。民间的木漆器从古一直使用到今天,陕西部分农村地区依然保留嫁姑娘时娘家要陪嫁彩绘小型漆木家具的习俗。民间店铺营业开张,百姓依然偏爱黑推广漆匾额。这些产品虽然工序简单,制作粗糙,但深得百姓的喜爱。我们在凤翔、户县考察时,民间艺人在极其简陋的环境下进行生产,谈起漆艺头头是道,充满了情感,这也是民间漆艺源源不竭的重要原因。

　　民间艺术的生命活力,也为受过专业训练的美术家提供了创作源泉。即使是同一位艺术家,因题材不同,作品的表现风格也迥异不同。史永哲先生的两幅作品(图5-1和图5-2)风格截然不同,漆画《全家乐》以黑漆为地,男童头戴虎头帽,脚踩虎头鞋,身着五毒衣,手拿炮仗;女童身着色彩斑斓的农家大花衣裳,半跪欢呼。整个画面色彩浓烈,线条拙朴,具有典型的关中民俗画风格。《盛装观音》造型优美、设色淡雅、用料考究、格调高雅,是典型的西安特艺厂风格。

图5-1 《全家乐》(史永哲作)

图5-2 《盛装观音》(史永哲作 入选《中国现代美术全集》)[1]

---

① 图5-1、图5-2由史永哲先生提供。

图 5-3 《盛世睦邻图》(李群超等作)

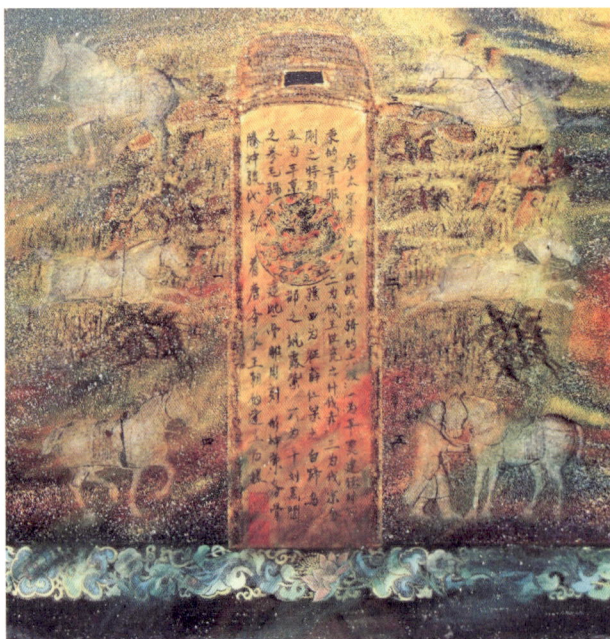

图 5-4 《昭陵六骏》(杜仲勋作)

### 3. 题材崇尚历史、追求古典

在创作题材上崇尚历史、关注礼制、追求古典，是陕西漆艺家的共性，也表现出他们的家国情怀。陕西厚重的历史文化，尤其是周秦汉唐文化，为他们提供了丰富的创作源泉；陕西在近现代革命历史中的特殊地位，又为他们增添了更为广泛的创作内容。不论是专业漆艺家还是民间漆艺家，都有这方面的佳作面世。

以西安特艺厂为例，其产品的题材主要以红色革命文化和古典历史文化两部分为主，不同的历史时期，侧重点有所不同。20 世纪 60 年代，文化大革命时期，主要以生产红色题材的作品为主，如江文湛、史永哲等人设计的"延安颂"等，即为此时佳作。70 年代，特艺厂着力于古典历史题材的研发，一批大型漆屏风精品涌现，如江文湛设计的鱼骨屏风"文成公主"、史永哲设计的牙石屏风"极乐图"、侯声凯的平磨螺钿屏风"长安八景"等，这些传世佳作，打破了传统漆画的构图风格，将现代设计理念融入作品创作中，源于传统又有所创新，以此确立了陕西漆艺在全国的地位。80 年代，在改革开放的环境下，特艺厂将生产与旅游新形势密切结合，充分利用陕西历史文化资源，以长安书画院美术人才为骨干，在厂长郭盛力的带领之下，迎来了最后华彩篇章。董静华设计的大型围屏"秦始皇出巡图"、刘秉利的"清平乐"、薛宝生的"陕西出土文物"、解明新的"桥山龙驭"等大型漆器屏风，是这一时期的代表作，受到了社会的广泛赞誉。

陕西漆艺家们充分利用漆画色彩牢固、易于清理的优势，服务于社会。1984 年西安火车站落成，受西安市政府委托，西安特艺厂承接了火车站候车大厅漆壁画的创作任务。四幅大型漆壁画分别是"金色延安""汉中胜迹""陈仓月色"和"华山苍翠"。在艺术总监李群超、史永哲的带领之下，由西安美术学院油画系学生参与，历经 3 个月的奋战，顺利完成。落成之日，中国现代漆艺的开拓者、著名漆画家乔十光莅临祝贺。这四幅大型漆壁画面世,开创了我国漆壁画运用于大型建筑之先河。之后,西安市的主要涉外宾馆如陕西丈八沟宾馆、西安市人民大厦、西安临潼华清池等,以及西安忆江南大酒店等一些酒店会所,用漆画为室内装饰,成为一时之风气。漆壁画在公共场合的出现,为民众提供了认识漆画、了解漆画的机会,并在欣赏漆画作品时感受历史,感受艺术家们浓浓的情怀。

### 4. 研究机构突出、教学体系建立

西安生漆涂料研究所,1980年由国家编制委员会批准成立,为中华全国供销合作总社直属事业单位,是目前国内乃至世界唯一一个专业从事漆树资源开发与创新应用研究的中央级科研院所。研究所设有中华全国供销合作总社生漆质量监督检验测试中心、全国生漆情报信息中心站等部级机构。为全国的生漆产业提供技术支持。

西安生漆涂料研究所拥有一支专业的研究团队、一批先进的仪器装备,以及在世界上品种最为齐全的漆树标本室。研究所自成立以来,对全国500多个县的漆树资源进行了大规模的调查研究,建立起完整的中国漆树资源数据库。主办的《中国生漆》杂志,自1982年成为国内外正式发行的刊物以来,着力于弘扬漆文化、推广生漆科技,为漆文化传播做出了很大的贡献。

西安生漆涂料研究所本着服务"三农"的宗旨,大力推广科学种植漆树的工作。近些年,建立了2个部级漆树优良品种推广示范基地、1个国家级优质生漆标准化生产示范区,推广无性系漆树优良品种栽培,营建漆树优良品种无性系繁殖苗圃;建成漆树良种无性系示范林千余亩。生漆技术培训与推广培训人数1800人次以上。有力地推动了陕西生漆产业的发展。

陕西高等院校是科学培养漆艺人才、传播漆文化的重要力量。

陕西师范大学、西安美术学院和西安欧亚学院等高校都设立过漆艺专业或漆艺工作室。陕西师范大学美术学院，在胡玉康的带领下，已形成漆画创作与漆文化研究的团队。胡玉康兼艺术创作与理论研究为一体，漆画《花儿为什么这么红》——入围2009年全国第十一届美展，专著《战国秦汉漆器艺术研究》获得2005年度陕西高校人文社科优秀成果二等奖。此外，一些在漆艺上本身就具有较高造诣的青年艺术家，通过高水平的研修，专业技术水平和理论水平长足发展。如陕西师大美院的任晓东先生，2005年结业于中国美术家协会第二届高级漆画研修班，2008年师从著名漆画家乔十光研习漆艺，《记忆中的山水》等多幅漆画作品获奖，是陕西青年漆画家中的佼佼者。

我国政府大力推动文化产业的发展，漆文化发展进入了一个前所未有的良好环境。陕西省内投身于漆艺创作的青年艺术家、理论工作者越来越多。如西安金煜特种工艺美术厂厂长阮兰香女士，擅长漆画嵌丝工艺，致力于漆艺的传承推广，2016年结业于清华大学美术学院高级漆画研究班，漆艺水平显著提高。

这些青年漆艺家是振兴陕西漆文化发展的有生力量，老一辈漆艺家的技艺与理念势必得到传承和发扬。这些经过科学训练的漆艺人才，必定会在不久的将来成为卓越的漆艺大家！

图 5-5 《汉中胜迹》(李群超、史永哲艺术总监)
西安火车站候车大厅四幅大型漆壁画之一

图 5-6 《唐乐舞》(磨漆画 李群超等作)

西安忆江南酒店大厅

# 第六章　陕西漆文化兴衰的历史反思

　　中华民族和世界上许多具有深厚历史文化的民族都有喜欢手工制品的传统。工业化会在短时期内对手工工业打击深重,但随着经济的发展,百姓物质生活富裕,对手工艺品的喜爱会卷土重来,除了它具有实用价值之外,更多的是欣赏"工之巧"的无形价值。不同民族的手工制品蕴藏着他们独特的审美情趣,发展手工工艺有利于弘扬民族文化,激发民族精神。

　　文化的传播有精神层面和物质层面两大渠道。美观实用的中国物质产品如丝绸、陶瓷、漆器等,由于具有鲜明的地域特色和浓郁的民族特色,在域外备受珍爱。物质层面的交流,使外部世界得以了解中华文化的基本风貌,让中华文化及其文明的价值潜移默化的得以推广。

　　物质文化是传统文化的重要组成部分。它如活化石一般,长期、顽强地保留着民族中绝大多数人的古老生活形态和意识轨迹,通过有形的"物"和无形的"艺"将民族文化加以记忆、传承和传播。

　　加强文化建设、提高国家文化软实力、增强中华文化的影响力是近年来中国政府国家发展战略的重要内容。在经过近40年经济高速发展的背景下，文化建设的重要性日益凸显。国家决策层对此有强烈的认知，并将文化建设上升到中华民族命运的高度加以理解："中华优秀传统文化是中华民族的精神命脉，是涵养社会主义核心价值观的重要源泉，也是我们在世界文化激荡中站稳脚跟的坚实根基。要结合新的时代条件传承和弘扬中华优秀传统文化，传承和弘扬中华美学精神。"① 中华文化博大精深，粗分其类有物质文化和精神文化两个层面，在千百年的学术研究史上，智识阶层、学术精英将注意力集中在精神文化的层面，取得的成果难以数计，诸如《四库全书》这样的浩瀚典籍。然而，由于自古以来的"重道轻器"思想影响，对工匠乃至器物层面上的鄙视，妨碍了知识阶层对造物阶层的接近和了解，也妨碍了他们对相关历史和思想的记录，致使许多工匠经验及思想被湮没在造物和设计的历史长河中，对于物质文化研究的典籍少之又少。宋明以降，随着经济的发展，贸易的繁荣，诸如《天工开物》《长物志》等物质文化的书籍纷纷面世，但与经史子集相比较，其体量不具可比性。中国物质文化理论的羸弱与其工艺大国的形象反差强烈。

## 一、存在的问题

陕西漆文化发展有着悠久的历史和自己的地域特色，然就全

---

① 《习近平主持召开文艺工作座谈会强调：坚持以人民为中心的创作导向》，《人民日报》2014.10.16。

国而言,其相对的落后性是不可回避的事实。其主要存在的问题,不外乎主客观两个方面。

## 1. 客观方面

第一,经济体制转型的影响。

中国传统手工艺是在农业文明的滋养中发展起来的,而漆器作为一种昂贵的器物能一直延续下来,得益于它独有的美,也得益于古代皇族权贵、富裕阶层对它的喜爱。权贵们不计成本,使漆器朝着精致、奢华的方向发展,例如清代"百宝嵌"漆器盛行,极尽工巧。解放后,在计划经济体制下,在政府的扶持下,漆器工艺生命旺盛,并成为出口创汇的主要工艺品之一。

然而,随着我国经济体制的转型,依赖自然资源,耗费人力、物力的传统手工业显然难以适应这样重大的体制转变,加上地方政府将主要精力放在经济效益的增长上,使得生漆资源破坏严重,绝大多数漆艺厂倒闭,生漆科研陷入困境,人才流失,出现断层。漆文化发展出现了前所未有的低谷时期。

**生漆生产方面** 1982 年后,生漆退出计划管理范围,市场逐步放开。由于漆价上涨,导致漆农大肆掠夺生漆资源,"多了砍、少了赶",割狠心漆。1997 年中西部地区大旱,漆树枯死严重,生态环境随之恶化。在多种因素的冲击下,不少产区供销合作社系统原主管企业和基层无人指导生产,甚至放弃生产,经营量急剧下降。

民间有"金无足赤,漆无真"之说。市场开放后,为单纯追求效益,生漆生产掺假现象日益严重。有些产漆区的基层干部,甚至将给生漆掺假作为致富技术向漆农传授,致使生漆质量严重下降。如镇平县,早在 80 年代初,有位基层干部给一位不会掺假的漆农教"技术",竟将 20 斤生漆制成 140 斤,他还从漆农手里拿到 100 元的帮教费[①]。

**漆器生产方面**　20 世纪 90 年代以前,陕西漆器制造的目的主要是出口创汇,国家为鼓励出口,实行具体的奖励措施是每出口 1 美元,奖励人民币 1 元。例如在 80~90 年代,西安特种工艺厂每年出口漆屏风 3000 套,每套的价格是 156 美元,仅此一项就能获得 46.8 万的奖励,因而生产积极性很高。90 年代初,以美国为代表的西方国家对我国实行经济制裁,外贸、旅游行业受到重创,奖励出口的政策自此取消,工艺美术厂纷纷倒闭。

**旅游市场方面**　20 世纪 80 年代以后,工艺美术厂逐渐脱离计划经济的轨道,实行自负盈亏的经营方式。1989 年外贸受到重创后,在 90 年代中期,随着旅游市场的复苏,工艺美术厂纷纷进入旅游市场,但由于"吃回扣"盛行,当时市场潜规则是导游要提 4 成,使漆器价格严重膨胀扭曲,例如漆器屏风的市场价格基本上是出厂价的 10 倍以上。2005 年,原西安特艺厂负责人被采访时透露,一套六扇骨石镶嵌屏风,成本在人民币 2000 元以下,而市场上往往标价在万元以上。游客即便"拦腰砍",商家和导游的"回扣"都比较可观,而生产厂家没有从市场上获得相应的利益,生产创新动力不足。以假充真、以次充好,漆器市场混乱。

第二,现代化工发展的冲击。

现代化学工业的崛起,一系列合成高聚物如酚醛树脂、醇酸树脂、环氧树脂、聚氨酯涂料等的出现,使油漆涂料品种和性能发生了根本性的改变。现在的油漆行业已非旧时模样,它已进入了科学的时代,发展成为一个庞大的现代工业体系,合成涂料在众多领域已经取代了生漆,这无疑给生漆行业的发展以无情打击,造成重

---

①　王友根、任会生:《名牌生漆信誉下降的问题值得重视》,《中国生漆》1983 年第 3 期。

创，使其生存的空间日益狭小。

## 2. 主观方面

第一，生漆本身存在局限性。

首先，生漆品质随漆树品种、产地、气候、采割时间及采割技术、贮存条件的不同而有变化，品质参差不齐，质量控制难度大。其次，生漆使用过程受自然因素制约，干燥条件要求苛刻，需要控制一定的温度、湿度条件。再次，生漆粘度大，工艺考究，技术要求严格，只能采用手工操作，难以采用机械化方式作业，生产周期长，劳动生产率低。此外，生漆还容易引起人的皮肤过敏反应，到现在为止尚无根治生漆过敏的良方。生漆本身存在的这些缺陷，使人们转而寻找其他代用品，开发新型油漆涂料品种[①]。

第二，漆器制造存在的问题。

腰果漆、化学漆挤压生漆。20世纪80年代初，外贸需求上升，一些漆器厂纷纷进行材料工艺的改革，改传统的猪血料灰为化学灰，改生漆代之以腰果漆、化学漆，使漆器品质急剧下降。腰果漆、化学漆挤占生漆市场，现在市场上见到的所谓漆器大多数使用的是腰果漆、化学漆。2015年夏，我们到西安"漆宝阁"调研，千余件漆器，竟然没有生漆髹涂的！西安市内旅游市场里，生漆髹涂的漆器比较难见，商贩们也不懂漆器，在书院门一家商铺内，我们见到了两只生漆平涂的彩绘小漆柜，做工粗糙，竟要价3000元！

漆器产品形式单一，花样陈旧。在西安、凤翔和天水调研期间，对漆器最突出的印象是大同小异。产品样式无非是屏风、翘头

① 张飞龙，魏朔南，李刚：《生漆行业发展的机遇与挑战》，《中国生漆》2000年第2期。

柜、首饰盒三大样,底漆只有黑红两色,漆器纹饰不外梅兰竹菊、松鹤延年、"红楼""西厢"等传统图案。现代人的审美观念是追求变化,追求时尚,而目前市场上漆器的纹样基本上沿用的是 20 世纪 70、80 年代的稿样。漆器制作在质量、设计上都没有跟上时代的需求。

第三,人员大量流失。

科技人员流失严重。由于国家对生漆行业产业化技术投资太少,又无先进技术引进和创新,应用方面生漆又被合成化工涂料所替代,因此,整个行业经济效益低,这就造成从事生漆工作的研究人员、技术人员外流到其他行业,仅有的少量专业性人才,也因多年争取不到经费而知识老化,思想陈旧,无法创新发展,很难适应当前激烈的市场竞争环境。

技术工人后继乏人。在漆器制造行业,能够熟练使用传统漆器工艺的师傅现在基本上都在 50 岁以上,年轻的学徒工只要有机会就会转到其他效益好的行业,坚持从事本行业的已经极为罕见。

第四,漆文化教育存在问题。

**高等教育领域** 我国漆文化的教育源于 20 世纪 40 年代,著名漆艺大师沈福文创办"漆工科"。新中国成立后四川美院成立了"漆器专业",80 年代中央工艺美院、南京艺术学院、浙江美术学院等都开设漆工艺专业,为国家培养了不少漆工艺人才。80 年代末期,教育改革把漆艺专业去掉了,国家教委下达的专业目录中也取消了"漆艺专业"。可喜的是,步入 21 世纪,随着国家经济的快速发展,市场对传统工艺品的需求不断升温,一些有基础的高校和专业技术学校也开始恢复漆艺专业。陕西师范大学和西安美术学院近年开始设置漆艺专业或漆艺课程,对漆文化发展具有重要的推动作用。

**手工艺传承方面** 漆工艺技法很多,一个学徒往往只学习一、两门技术,一个人很难全程完成一件漆器的制作。在技艺传授上,至今仍沿袭传统的师徒传承的教育方式,尚未大范围纳入科学的教育体系之中。

# 二、保护与振兴

自20世纪90年代以来,文化产业以其独特的文化魅力和惊人的成长速度吸引了世人的目光。在世界范围内,文化产业已经成为许多发达国家的一项重要支柱产业,成为国民经济发展的新引擎。"中华文化是中华民族生生不息、团结奋进的不竭动力。要全面认识祖国传统文化,取其精华,去其糟粕,使之与当代社会相适应、与现代文明相协调,保持民族性,体现时代性。加强中华优秀文化传统教育,运用现代科技手段开发利用民族文化丰厚资源。"[①]我国的产业发展是受政策牵引的,良好的政策环境是传统文化产业崛起的良机,也是漆文化蛰伏多年后"再发现"的机遇期。

漆艺是最具有中国工艺文化特质、门类综合性最强的传统项目。材料上,以天然生漆为主要媒材,同时还包括了竹木、金属、螺钿、角骨等;形态上,包容了立体、平面两大类型;功能上,兼生活性与艺术性为一体。因此,漆艺已突破了"漆器"的狭隘范畴,成为具有广阔发展前景的工艺门类。生漆在触觉、嗅觉、视觉上都给人亲切的感觉。漆艺家乔十光先生用诗一般的语言赞美生漆:"它光泽

---

① 胡锦涛:《高举中国特色社会主义伟大旗帜 为夺取全面建设小康社会新胜利而奋斗》(单行本)

柔和内敛,醇厚朴素,髹涂于器物上,口触、手摸,给人以亲切温和之感。它凝重深沉、高雅华贵,给人以静穆崇高之美。它含蓄蕴藉、富联想性,给人以神秘朦胧之趣。"他确信:"中国人崇尚红和黑,大概和漆艺有关,它契合着中华民族的民族精神和美学修养。"①

由于生漆具有不可替代的天然魅力,国际上对漆文化遗产的保护非常重视。1992年,世界漆文化委员会成立,旨在保护、传承和发展漆文化。日本、韩国以及台湾省都成立了漆文化艺术馆、博物馆以及一些研究机构,在政府和社会力量的支持下,致力于漆文化的保护和利用工作。

陕西地区拥有丰富的生漆资源,又有悠久的漆器生产历史,近些年来漆艺教学的人才培养场所兴建起来,发展陕西漆文化,开拓旅游文化市场,有很大的空间,政府扶植下的产业化发展将是必由之路。

## 1. 政府积极制定保护措施

人类社会在工业化的浪潮冲击下,无论西方还是东方都面临着如何保护农业文明遗产的重大课题。漆器的制作为纯手工业的技艺,发展到一定阶段需逐步产业化和市场化,这是它生存的必然。在这一重大的转型中,政府的重视和资金的扶持至关重要。我国自启动非物质文化遗产保护工作之后,对传统文化的重视达到了新中国成立以来从未有过的程度,许多具有民族特色的传统手工艺得到政府的积极保护,为我国传统文化的延续提供了强大

---

① 乔十光:《立足传统 综合发展——振兴中华漆文化之我见》,《装饰》1997年第1期。

的支持。这是一个非常好的大环境。

在传统与现代化的关系处理上，日本是做得比较好的国家之一。第二次世界大战后，日本漆树资源毁灭达90％以上，农民不愿种植漆树，漆农不愿从事繁重而收入低微的割漆工作。生漆生产和工艺受到严重冲击，沉入谷底。日本政府和产业界有识之士为挽救历史遗产，继承、弘扬漆文化，制订政策，采取奖励措施，已取得良好效果。1974年后，日本通产省规定漆器为日本"传统工艺品"荣誉称号，并资助奖励漆器产业发展，对漆农、生漆加工、漆器生产减免赋税，激励行业发展。日本文化省也确认漆器和漆器生产工艺为"重要无形文化财"和"文化保存技术"，颁发荣誉称号作为保护措施。对贡献大、造诣高的漆器艺人授予"人间国宝"最高荣誉称号，还将每年12月13日定为日本漆文化节。日本的经验很值得我们研究、学习。

2010年，福州市政府主办的"2010年中国——福州国际漆文化传统与创新高峰论坛"，福州漆文化产业发展状况成绩斐然。早在2006年，福州市政府通过项目申报的形式，给福州脱胎漆器保护中心（以原福州第一脱胎漆器厂和第二脱胎漆器厂为基础建立，原厂曾经是全国脱胎漆器的龙头，已于1990年代倒闭）和脱胎漆器研究所两家民营单位以每年100万元的资金支持，并在政府内成立工艺美术行业管理办公室，引导、协调工艺美术产业化的发展，基本形成政府搭台、市场化运作的局面。

政府推进漆文化产业发展，具体可操作的措施有：

第一，搭建行业协会，强化行业合作，加强行业自律。在一些工艺美术发达的地区，生产经营是相互独立的，以前漆器生产主要是为外贸部门完成订单，自身适应市场的应变能力很弱。随着外贸市场的放开和大量私营工艺品企业的出现，恶意竞价、以假充真现象已经日益凸显出来。行业协会协调下的小企业将是主要的经营组织方式。小企业在漆工艺品生产中具有运营成本低、市场反应快、生产灵活等优势。

第二，构建服务体系。主要包括信息服务、会展服务、科技服务、法律服务、人才服务、中介服务等。促使人才、资本、技术、信息、中介等要素相互配合。

第三，完善政策体系。建立以企业为主体，以市场为导向，多种所有制形式并存发展的漆文化企业，在产业政策、科技政策、财政政策等方面予以支持；同时加大资金投入，推进品牌建设，保护知识产权，推动陕西地区漆文化产业发展。

## 2. 利用本地得天独厚的有利条件，大力开发生漆资源

陕西不仅生漆资源丰富，而且也具备生漆事业发展的科技能力，因而生漆的深加工是一条很好的道路。

第一，建立生漆精制加工厂。开发彩色生漆，管状生漆，满足市场需求。现在，生漆工业用漆的加工主要由上海制漆厂生产，艺术用漆的加工则在福州。这两个地方不生产漆，原料都要从产漆地区长途运输。陕西生漆资源丰富，日本、韩国都有人专程到本地来要漆，而这里提供的基本是原生漆，附加值低，不能满足市场的需求。

第二，生漆加工应多样化。漆画、漆塑的艺术用漆需精制成管装或瓶装，如同现在油画颜料的包装，漆画家使用起来十分便捷。四川美院何豪亮先生曾惋惜地回忆说："1993 年 10 月到 1994 年 1月，我和西安华漆公司合作精制了三批漆，漆画家乔十光用后认为很好，日本大西长利带一盒回日用后也认为不错。可惜该公司也倒闭了。要解决生产问题，艺术用漆是有销路的。再过五年我也

无法指导精制这种漆。"①生漆的深加工对于拓展生漆的使用空间意义重大。漆艺在日本、韩国等国能够大力发展,一个重要的原因是使用方便。人们将漆艺作为一种修身养性的方式,这使得漆文化的发展有了群众基础。

### 3. 关注漆艺人才

第一,善待现有漆工。漆工是漆器工艺产品的创造者,是工艺技法的实施者和传承者,更是漆器工艺文化最早的实践者,他们与漆器工艺文化的发展休戚相关。这些具有长期实践经验的漆工,往往在一个工种一干就是几十年,他们"没受过教育并不意味着不具备美的本能"②。无数传世之作就是通过他们的双手一道一道、反反复复地制作而成。现如今,漆器工艺的发展面临诸多困难,熟练的漆艺工匠纷纷转行。在西安漆宝阁我们与一位原"特艺厂"的描线工交谈,她说,现在做活就是给参观者"作秀",客人一走,她就没事干了。问她收入情况时,只是苦笑应对。保护漆工,就是保护技艺。技艺是保证经济来源的基础,更能够促进工艺的综合发展。

第二,厚待漆艺大师。新中国成立后,已通过各种渠道培养了不少国家级、省级漆艺大师(工艺美术大师)。曾任西安"特艺厂"领导的崔振宽、史永哲等人,都是国家级和省级工艺美术大师,他们至今还坚持在漆画和漆器领域中探索。这些大师多具有丰富的创新、创作和设计能力,他们经验丰富,对漆文化有沉厚的情感,在本领域享有很高的声誉,并非常希望把这一文化遗产传承下去。在市场经济中,这本身就是一种无形资产。此外,这些大师往往有

---

① 何豪亮:《国漆现状之思考》,《中国生漆》2001 年第 2 期。

② 【日】柳宗悦:《工艺文化》,广西师范大学出版社 2006 年版,第 62 页。

自己的工作室,聘请他们走进学校,可以促进教学与社会实践的结合,建立起能够适合市场经济的校企联合网。

第三,漆文化教育应纳入到现代教育体系内。日本是第一个将漆文化教育纳入到现代教育体系的国家。早在明治时期,东京美术学校就开设了漆工科。在日本最有名的轮岛漆器故乡石川县,县立轮岛实业高中就设有漆艺。日本民间漆器作坊依然沿袭师徒承传的方式,但关键是徒弟一般必须经过艺术院校的正规学习后,才能拜师学艺,这样的徒弟虽然年龄稍大一点,但有艺术修养,对漆文化感悟较深,对漆器制作充满感情,制作出来的作品更加富有内涵。这样的传承方式是日本漆器扬名世界的重要因素之一。近年,韩国的艺术院校也逐渐成为本国漆艺继承、研究及开发的主力,国内国际的漆艺交流也多以院校为依托。高等院校充足的资金保证、优良的师资队伍和科学的教学研究体系,使韩国漆艺在继承发展、教学科研等各方面的环节得以理论化、规范化,整体水平有了很大的提高。

在福州考察期间,我们看到,福州工艺美术学校以及福州的几所高等院校,近年纷纷开设漆艺课程,聘请工艺美术大师授课,将学院漆艺教育与艺人师徒授受相结合,培养出一批造型能力强、绘画基本功扎实、富有创新能力的漆艺人才。陕西省教育资源丰富,在职业技术学校和高等院校的美术、设计专业开设漆艺课程,培养高素质的创作设计队伍,对振兴本地的漆器制造也具有重要的意义。


4. 漆器制造要顺应时代的发展要求,挖掘本地文化资源,形成具有鲜明地域色彩的漆器产品


第一,对传统工艺的继承与创新。一个民族的文化往往凝聚

着这个民族对世界和生命的历史认知和现实感受,也往往积淀着这个民族最深层的精神追求和行为准则。漆器的发展离不开对传统的继承,只有这样才能保持最本质、最精髓的漆文化。但是单纯的继承是不够的,必须有创新、有发展。用现代的审美观念对传统漆文化中的一些元素加以改造、提炼和运用,使传统工艺和现代审美相结合,这样它的生命才能不断延续下去。从陕西漆文化历史发展情况看,具有地域特征的生漆、漆器产品,是今后继承发展的财富。本地区传统文化底蕴丰厚,将现代设计元素注入传统漆器的造型、纹饰中,必定会为漆文化发展开创一片新天地。市场上我们看见了宝鸡工艺师创作的"社火阴刻漆器脸谱",它将漆艺与凤翔的马勺结合起来,以宝鸡社火为蓝本,在马勺上勾画出色彩浓烈、粗厚稳重的图案,具有浓郁的地域色彩,产品寓意镇宅辟邪、祈福纳祥。这样的产品在市场上销路不错。

第二,髹漆工艺要完成现代转型。如同所用的传统手工艺一样,现代的髹漆工艺也存在着一个现代性转换问题,对其关注的重点不能只是以器物的本身为主,更重要的是要研究髹漆材料与漆器胎体的进展,以及髹漆工艺技法的演变,装饰纹样与造型的变化,特别是漆器工艺的审美转变等问题。现代漆器如果既能充分发扬传统漆器做工精细、技法多样等优势,又能从传统中走出来,适应人们不断变化和提高的审美情趣,那么漆器艺术很快就会从低迷的境地中走出来,得到更多人的认可,重振辉煌。韩国漆艺在近20年间有了迅猛的发展,甚至大有超过日本之势,其中一条重要的经验就是其漆艺的产业结构、艺术观念、表现技法均完成了传统向现代的转型,较好地融入了现代生活体系。韩国各种漆艺材料的生产、加工、后期处理及销售体系非常完善,例如汉城的仁寺洞号称漆艺材料、工具一条街,各种漆艺材料、工具、配饰应有尽有。韩国的薄螺钿加工在世界上堪称一绝,制作的螺钿薄如蝉翼,色泽典雅,可根据定货要求加工为各种几何形和自然形等形状。完善的材料加工体系为韩国漆艺家的创作提供了便利条件,使他们能有更多的精力从事创作,在漆艺设计和制作上投入更多的精力[1]。

第三,关注漆器的平民化、生活化。漆器自古以来就不是一般平民所用之物,《盐铁论·散不足》有"一杯捲用百工之力,一屏风就万人之工"之句,后人常常以此强调制作漆器费工费时又费力,这也在无形中强调了漆器是为贵族所使用的奢侈品。然而,作为一种具有民族性、地域性的工艺美术产品,仅仅是满足海外市场、小众市场,其发展势必受到限制。从日本的经验看,漆器能够成为其传统文化的一个代表,其原因在于它既保留了漆器的贵族化、小众化,同时又拓展了漆器的平民化和大众化。贵族化的漆器是艺术品、奢侈品,而大众化的漆器则是实用品、生活品。日本工艺理论家柳宗悦提出了他的工艺美术思想是:"'用'是超越一切的工艺本质。""最为实用的器物,与美的距离最为接近。"[2]日本漆器能够在世界上处于顶尖的地位,重要的原因是它一直没有离开生活。在日本既有价值与高级汽车相当的高档漆器,也有为老百姓升学、结婚、待客所用的中低档漆器。漆器平民化的途径是大量生产,其社会条件是民众生活水平的普遍提高。进入 21 世纪,随着我国经济实力增强,人民的物质文化需求有了很大的提高,在生活消费上追求绿色环保,对有增值空间的手工艺产品购买力增强。近年来,特别是 2014 年以来,随着电子商务的不断发展,不少漆艺工匠及爱好者,利用电商平台推出自己的产品,小到串珠,大到家具,不少制作精良的漆器令人耳目一新。以前国人不知漆器,或买不起的漆

---

① 金晖:《韩国当代漆艺发展趋势及启示》,《装饰》2003 年第 9 期。

② 【日】柳宗悦:《工艺之道》,广西师范大学出版社 2011 年版,第 54 页,第 56 页。

器,现在国内市场空间逐渐增大,而关键是如何能买到真正的漆器。2005年有业内人士讲,一套六扇骨石镶嵌屏风,成本在人民币2000元以下。2010年后,劳动力价格不断攀升,原材料价格激增,漆器的成本价也随之高涨,但国人的购买力也大幅提高,看着他们坐着飞机、轮船去日韩购物,我们的企业家应该深刻意识到,低档粗糙的商品已远远满足不了人们的需要,制作精良的中高档生活用品,才能满足人们对生活品质的要求。

## 5. 尊重手工艺

手工文化是民族文化的重要组成。现代工业的显著特点之一就是以严格的劳动分工进行生产,工人通过重复性的劳动获得某一工种或工序的熟练性,进而提高生产效率。人类进入机械时代以后,机械加工成为主要的加工方式,"同一性"是机械加工的主要特征。"同一性"提高了产品的质量,有助于生产的标准化。随着人类进入信息化社会,个性化消费逐渐成为主流,"差异性"的要求随之提出。手工制品的魅力来自它的个体差异性。手工艺的特点是艺人掌握了制作的全过程,甚至包括了对于创作的最初构想,其思想、情感、技能等通过制作器物而得以表现和表达。"手工总是与民族气质有关,除人类以外,机械产品往往不去涉及这些地方。尤其是手工的顺应性和创造性,被称为保障作品之美的巨大力量。在无法推测器物的产生是怎样的状况之中,手工的生命是辉煌的。"[①]在机械文明席卷全球的现代社会,对手工文化的尊重实质上也是对传统文化的尊重。

恩格斯在《自然辩证法》中指出:"手不仅是劳动的器官,它还

————————————————

① 【日】柳宗悦:《工艺文化》,广西师范大学出版社2006年版,第104~105页。

是劳动的产物。只是由于劳动,由于和日新月异的动作相适应,由于这样所引起的肌肉、韧带以及在更长时间内引起的骨骼的特别发展遗传下来,而且由于这些遗传下来的灵巧性以愈来愈新的方式运用于新的愈来愈复杂的动作,人的手才达到这样高度的完善,在这个基础上它才能仿佛凭着魔力似的产生了拉斐尔的绘画、托尔瓦德森的雕刻以及帕格尼尼的音乐。"由手而"手艺",而"手工",而"手工艺"。"艺"字本身原指种植,如艺黍稷、艺树,后来引申为才能、准则。古代的学校教育内容有"六艺",即礼、乐、射、御(驭)、书、数。儒家的六经也称"六艺",即《礼》以节人,《乐》以发和,《书》以道事,《诗》以达意,《易》以神化,《春秋》以义"①。古人对"手艺"的诠释不仅仅指用手制作器物,吹拉弹唱亦是手艺。宋人蔡絛《铁围山丛谈》云:"手艺之有称者棋则刘仲甫,琴则梵如,教坊琵琶则有刘继安,舞有雷中庆,笛有孟水清。"②手可工,手可艺。起初的手艺人为生活所迫,其劳动也许并没有艺术创作的意识,但在劳动过程中,经过千百次重复劳动而练就的娴熟技艺,其本身就是人类非物质文化的组成。手工劳动对于人类的意义重大!传统的手工艺在现代化的碾压之下苟延残喘,由于生产效率低下,在强大的市场经济的冲击下,这些带有大量的文化信息的手工艺和手工艺人以及相关的设计人员举步维艰。对于一切留存至今的手艺、流传至今的工艺文化都需抢救性保护。因为,一旦掌握这些手艺的人逝去,就意味着一门技术的失传。

文化的传承,其方式是多样性的。图像是文化传承的最直接最便捷的手段,在文字发明之前,它是文化承传的纽带;文字的发明,使人类有了抽象的表达工具,通过书写,将思想、情感、经验甚

---

① 司马迁:《史记·滑稽列传》,中华书局 1982 年版,第 3197 页。
② 转引自张道一:《手与艺》,《南京艺术学院学报》2009 年第 1 期。

至声音记录下来，文字使文化的承传朝多向度发展，对人类文明进步做出不可估量的贡献。然而，还有些东西是上述两者难以完成的，必须是口授心传的，它必须通过不断的重复性动作，使人的身体产生记忆思维，动作甚至不经过大脑就能完成，譬如本书阐释的手工技艺。要使技艺纯熟，不仅需要数以千万次的重复训练，还要有天赋，只有两者结合，才会产生杰出的手艺人。这些身体的感受和技艺，有些可以通过文字纪录，而有些微妙之处，只可意会不可言传。这些技艺与个体生命同步，当一个身怀绝技的艺人生命终结，这份技艺若不能及时传承，那将会绝迹。在机械文明势如破竹地横扫世界之时，手工艺更加弥足珍贵，它更能寄托人的情感，更能体会出人与自然的交流，更能将普普通通的生活艺术化，更能化解现代社会中灵魂的焦躁。

　　人的天赋和潜能是各不相同的。形象思维能力强的人，也许做不了高数题，但不会影响他成为艺术家；抽象思维能力强的人，也许看不懂绘画作品，但不妨碍他成为哲学家。手艺人是值得我们足够尊重的。中国古代虽有"重道轻器"的思想，但也有"技近乎道"的工艺美学思想，最有名的故事是我们耳熟能详的"庖丁解牛"。庖丁为文惠君解牛，手触、肩扛、膝抵、足踏，动作连续，富有节律，款款如舞蹈，挥刀解牛"未尝见全牛"，庖丁虽是地位低下的匠人，但"臣之所好者道也，进乎技矣！"这种境界恐怕是不少工匠终身追求目标。

　　"手艺具有思想，思想能放出光芒。对中国人来说，手艺是古代中国的命根子，我们长久地攥着这命根子，让民族长寿至今。"[①]只有发自内心热爱传统手艺的人，才能写出如此动情的文字。把

---

　　① 马未都：《手艺中国（序二）》见【美】鲁道夫·霍梅尔《手艺中国—中国手工业调查图录》，北京理工大学出版社 2012 年，第 10 页。

看似平庸的手艺与民族情怀联系在一起，与民族文化的基因联系在一起。

　　日本学者柳宗悦曾说过："手与机器的根本区别在于，手总是与心相连，而机器则是无心的。所以手工艺作业会发生奇迹，因为那不是单纯的手在劳动，背后有心在控制，使手制造物品，给予劳动的快乐，使人遵守道德，这才是物品美性质的因素。所以，手工艺作业也可以说成是心之作业。有比手更神秘的机器存在吗？为什么手的工作对于一个国家来说非常之重要，大家都有必要思索。"①

163

---

①　【日】柳宗悦：《日本手工艺》，广西师范大学出版社 2006 年版，第 3 页。

附录

附表 1　漆树主要虫害及其防治一览表①

| 昆虫名称 | 虫害特征 | 适用药剂及浓度 | 防治适期 | 防治方法 |
|---|---|---|---|---|
| 漆树叶甲 | 幼虫和成虫均危害漆树叶片。初孵幼虫啃食叶的下表皮及叶肉,成虫沿叶缘咬食叶片,致使叶片成网状,仅留叶脉。10天后,随虫体增大,取食量增加,可将叶片全部吃光 | 40％乐果乳油2000 倍液、50％马拉硫磷、50％二溴磷、25％亚胺硫磷乳油 800倍液,喷杀幼虫或成虫 | 冬季和幼虫化蛹期过后。<br><br>春季成虫出土前,成虫期 | 清除树冠下枯枝落叶、杂草等,集中烧毁或深埋。<br><br>围绕树干地面喷药。<br><br>利用成虫假死性震落捕杀 |

① 　附表 1、附表 2,根据陕西省质量技术监督局 2007 年发布的《陕西地方标准(DB61/T420. 8—2007)》之《漆树病虫害防治技术规程》整理。

| 昆虫名称 | 虫害特征 | 适用药剂及浓度 | 防治适期 | 防治方法 |
|---|---|---|---|---|
| 樟蚕 | 为杂食性害虫,以幼虫危害漆树叶片。幼虫爬性能力较强,有群集性,刚孵化的幼虫能从地面爬上漆树,危害漆树叶片。危害时间历时 50～60 天。随着虫龄的增加,食量也大大增加,往往使整株漆树叶片被吃光,然后下树转移到核桃、麻柳等树上为害。危害时间以白天为盛 | 80% 敌敌畏乳油 1000 倍液或 90% 敌百虫晶体 2000 倍液、灭幼脲 3 号胶悬剂 2000～3000 倍液 | 秋末冬初,3 龄前幼虫期,成虫羽化期 | 采集虫茧,集中销毁 常规喷雾 灯光诱杀 |
| 四点象天牛 | 越冬成虫取食漆树树干嫩皮 | 50% 辛硫磷乳油 50% 杀螟松乳油 1000 倍液 | 成虫羽化盛期 | 毒杀成虫 |
| 四点象天牛 | 初孵幼虫在树皮下韧皮部和边材之间钻蛀坑道危害 | 磷化铝毒签,80% 敌敌畏乳油蘸棉球 | 幼虫危害期 | 毒签插入新鲜的排泄孔中,填塞洞口,外用黄泥封实 |
| 蚜虫 | 以成虫和若虫群集危害漆树初生的嫩芽、幼茎、叶片。用口器吸取液汁,使芽、叶卷缩枯萎,影响漆树的生长发育。漆蚜的排泄物,覆盖在漆树枝干、叶片的表面,常引发病菌的繁殖,使漆树感病 | 40% 乐果乳油 2000 倍液 | 成虫、若虫期 | 常规喷雾 |

| 昆虫名称 | 虫害特征 | 适用药剂及浓度 | 防治适期 | 防治方法 |
|---|---|---|---|---|
| 小地老虎 | 小地老虎为杂食性地下害虫,能危害 20 多种植物。以幼虫生活于土中,3 龄后幼虫夜晚出土活动,将幼苗茎干距地面 1～2 厘米处咬断,亦能爬至苗木上部咬食嫩茎和幼芽,造成缺苗或严重影响幼苗生长,是漆树苗圃的主要害虫 | 50％辛硫磷乳油 1000 倍液,2.5％溴氰菊脂 3000 倍液 | 幼虫期 | 常规喷雾 |
| 蛴螬 | 蛴螬是鞘翅目金龟甲总科幼虫的统称。为地下害虫中种类最多,分布最广,危害最重的一个类群。蛴螬为杂食性地下害虫,幼虫取食萌发的种子,咬断幼苗的根、茎,轻则缺苗断垄,重则毁种绝收 | 90％敌百虫 800～1000 倍液,50％敌敌畏 1000～1500 倍液 | 成虫盛发期 | 常规喷雾 灯光诱杀 人工捕杀 |

附表 2　漆树主要病害防治适期及防治方法一览表

| 病害名称 | 病原 | 病状 | 适用药剂及浓度 | 防治适期 | 防治方法 |
|---|---|---|---|---|---|
| 叶霉病 | 属于半知菌类梗孢目的一种。 | 主要危害叶部,病斑呈灰黑色,有略带紫色的边缘,病斑大小不等,边缘不整齐,病斑上有稀疏的点状黑色状物。<br>分生孢子和分生孢子梗。此病在高温多雨的季节发病严重,而且发展迅速。条件合适时,苗木大批叶片受害并枯死脱落 | 1‰波尔多液、5%代森锌800倍液 | 6～8月 | 每月喷一次,发病初期用波尔多液加代森锌每15天一次,共喷2～3次 |
| 毛毡病 | 由四足螨危害引起。 | 漆树受害后,组织细胞受到刺激而发生增生,形成毛状物,初为淡绿色,后转为土黄色,结果使植物组织变的奇形怪状,如受害腋芽可变为鸡冠形,受害顶芽可变为棒状。叶部受害后,背面凹陷,表面凸出,或为毛毡状 | 20%三氯杀螨醇,灭螨灵、克螨特1000倍液,40%乐果乳油800倍液 | 4～6月 | 漆树萌发前喷洒3～5度石硫合剂,发病初期每隔10天喷洒三氯杀螨醇1次,连续喷药2～3次 |
| 漆苗根腐病 | 由担子菌亚门的紫色担菌引起。 | 发病初期表现为叶小,生长迟缓,后来叶逐渐变黄色,落叶、枯死。根部毛细根腐烂,主根根皮现大约1平方毫米大小的白色斑点,韧皮脱落,木质部呈黑褐色粘液状 | 200倍高锰酸钾、50%代森锌500倍液 | 6～9月 | 育苗前用高锰酸钾进行土壤消毒,发病初期用代森锌进行喷雾防治 |

陕西漆文化概览

**168**

| 病害名称 | 病原 | 病状 | 适用药剂及浓度 | 防治适期 | 防治方法 |
|---|---|---|---|---|---|
| 炭疽病 | 属于半知菌类黑盘孢目的一种,孢子无色、单细胞,圆形和椭圆形。 | 主要危害苗木茎部,也可危害叶柄和叶部。受害部先变黑,最后枯死。枯死部分在湿度大时会出现很小的粉红色点状物,这就是分生孢子堆。如果枯死部分在茎的顶梢,则下部还仍然存活,腋芽将会萌发代替顶芽的生长。如果枯死部分发生在茎干的下部,整株苗木就会死亡。此病在8月份雨后高温下发病严重 | 50%托布津 1000 倍液,50%代森锌 500 倍液 | 7~8月 | 每月各喷一次 |
| 褐斑病 | 属半知菌类球壳孢目的一种。分生孢子器球形,炭质,分生孢子圆形到椭圆形,单细胞、淡色。 | 主要危害叶部。病斑褐色、较大,多沿叶缘向内发展,边缘明显,呈轮纹状,其上散生很小的黑色小点,初期小点被表皮层覆盖,后期外露。严重时可使树叶枯黄脱落,影响树木生长和漆树的产量 | 50%代森锌 500 倍液、1:1:100 波尔多液 | 苗木生长期 | 真叶出现后,用波尔多液喷施,以后每隔10天喷一次 |

# 后　记

　　2005 年夏,一个偶然的机会让我接触到了漆器,她瞬间就俘获了我的心。十余年来,我以一个门外汉身份关注着漆文化,研究着漆文化,并为之着迷。兴趣使然,促使我写了几篇小文发表,得到了几项研究经费的支持,有了前期的基础,才敢斗胆涉足此领域,撰写这部书稿。陕西是我的第二故乡,是我生长的地方。徜徉在这块黄土地上,周秦汉唐之风迎面扑来,能够了解研究这片厚土上的物质文化,实在是件愉快的事情。

　　在研究漆文化的过程中,我的学校西安交通大学给我提供了良好的工作环境。在开设的选修课里,我尽自己的微薄之力向青年学子们介绍这一充满东方魅力的传统技艺,并拿收藏的漆器让学生观看、触摸。学生的喜爱,让我获得极大的满足。对我研究提供最大帮助的是西安生漆涂料研究所的王尚林先生,他不仅向我介绍了许多漆文化的基本知识,还为我提供了大量的文本资料和图片资料,并将业内知名人士介绍于我,使我获得了很多翔实的一手资料。陕西省考古研究所的谭青枝女士和西安交通大学的邱陶女士，在百忙之中不厌其烦地为我查找考古资料。西安交通大学出版社的何园女士，耐心细致地为我提供帮助。在此，对这些朋友们表示由衷的感谢！

本书中展示了陕西当代漆艺名家作品。李群超先生作品来自《西安欧亚学院艺术品展馆——磨漆画藏品专辑》，史永哲先生作品和杜钟勋先生作品由本人提供。在此，对为陕西漆文化发展做出卓越贡献的前辈们致以崇高的敬意！

作为一个漆艺业余爱好者，怀着对中华物质文化的挚爱，诚心想把自己的研究心得呈现出来。因知识有限、水平有限、专业素养有限，这部小书有许多不足，请行内专家不吝赐教。

马金玲

2016 年 4 月